中小製造業の「原価計算と値上げ交渉への疑問」にすべて答えます!

わかりやすく
やさしく
やくにたつ

照井清一【著】

日刊工業新聞社

まえがき

　円安、資源価格高騰、人件費上昇など様々な要因で原価が上がっています。こうした費用が増えれば、その分利益が減少します。元々薄利の中小企業はこのままでは立ちいかなくなります。値上げは喫緊の課題です。

　一方「経費が上がっているため10％値上げをお願いします」と取引先にお願いすると「では10％の根拠を出してください」と言われます。では電気代が20％上がった場合、この製品はいくら原価が上がるのでしょうか。

　本書はこういった悩みに応えるため、値上げ金額の計算方法や値上げ資料の作り方、値上げ交渉について書いた本です。

　私はメーカーで24年間、開発、設計、品質保証を担当し、その後経営コンサルタントとして独立しました。そして独自の手法を使った中小企業向けの原価計算システムを開発し、今は主に原価計算システムの販売とコンサルティングを行っています。

　その中でお客様から「値上げ金額と値上げ交渉」の疑問を聞くことがあります。そこで、かつて自分が価格交渉した時の経験も踏まえて「取引先が気にすること」「値上げと転注のリスク」「値上げ交渉をスムーズに行うポイント」などについて書きました。

　しかし本書は「こうすれば値上げができる」といったノウハウ本ではありません。値上げ交渉の進め方には、取引先との関係から様々なバリエーションがあります。それでも本書を読んで、取引先の立場や考え、原価に対する取引先の誤解などがわかれば、値上げ交渉をスムーズに進めることができます。

　本書は以下の3部で構成されています。

1.原価計算の基本

　値上げ計算を理解するために必要な原価計算やアワーレート計算の基本

2.値上げ計算

電気代、人件費、消耗品費の上昇による値上げ金額の計算と見積書の記載方法

3.値上げ交渉

値上げ交渉の進め方、高いと言われた時の対応、説得への反論、転注のリスク、国の支援策の活用（付録）

また計算方法だけでなく、架空の企業Ａ社を例に具体的な数値も示しました。

なお第1章は拙著『中小製造業の「製造原価と見積価格への疑問」にすべて答えます！』と重複する部分がありますが、6節以降の値上げ計算を理解していただくために、あえて記載しました。

実際の値上げ交渉は、取引先との関係や自社の経営状況によっても変わります。私の限られた経験だけでは「こうすれば価格交渉はうまくいく」と断言はできませんが、本書が値上げ交渉を円滑に進めるためにお役に立てば幸いです。

CONTENTS ： 中小製造業の「原価計算と値上げ交渉への疑問」 にすべて答えます！

まえがき ……………………………………………………………………… i

第1章 まずは原価と値上げの疑問に答えます

1 ◆ 製品1個の原価はいくらだろうか？ ……………………… 2

2 ◆ 人のアワーレートはいくらだろうか？ ……………… 6

3 ◆ 設備の費用はいくらだろうか？ ………………………… 10

COLUMN●1 設備の更新と廃業増加の問題 ……………………… 16

4 ◆ 製品1個の間接製造費用はどうすれば よいのだろうか？ ……………………………… 18

5 ◆ 販管費と目標利益 ……………………………………… 23

COLUMN●2 なぜ粗利ではダメなのか ……………………… 29

6 ◆ 受注が少なくなると原価は上がるのだろうか？ …… 31

7 ◆ 材料費の上昇には、 どう対応すればよいのだろうか？ ……………………… 34

8 ◆ 人件費の上昇と値上げ ………………………………… 40

9 ◆ 電気代の上昇と値上げ ………………………………… 47

10 ◆ 消耗品が高くなればいくら値上げが
必要だろうか？ ……………………………………54

11 ◆ 高価な設備は原価がどれだけ
上がるのだろうか？ …………………………… 60

12 ◆ 間接費用の増加で原価はどれだけ
変わるのだろうか？ ……………………………65

COLUMN • 3 間接部門の省人化 ………………………………… 71

13 ◆ 値上げ金額の明細 ……………………………………73

第**2**章 | **見積と値上げ資料の疑問に
答えます！**

14 ◆ 適正価格はあるのだろうか？ ………………… 80

15 ◆ 値上げの根拠を求められたらどうすれば
よいだろうか？ ……………………………… 88

16 ◆ 時間はどこまで出せばよいのだろうか？ …………91

COLUMN • 4 経験曲線と改善の効果 ………………………97

17 ◆ 検査の追加と値上げ金額 ……………………… 100

18 ◆ 運賃・梱包費用の増加と値上げ ……………………… 105

19 ◆ 仕様追加で上がったコストはどうすれば
よいだろうか？ ………………………………112

CONTENTS

20 ◆ 決算書を出すように言われたが、どうすれば
よいだろうか？ ……………………………………………………… 118

第**3**章 | 値上げ交渉の悩みに急いでお答えします！

21 ◆ 値上げ交渉はどうやればよいのか？ ……………………… 124

22 ◆ 社員がなかなか値上げを進めない ……………………… 131

23 ◆ アワーレートが高いと言われたがどうすれば
よいのだろうか？ ………………………………………………… 133

24 ◆ 販管費や利益が高いと言われたがどうすれば
よいのだろうか？ ………………………………………………… 139

COLUMN • 5 本当の原価を知らない可能性 ……………………………… 142

25 ◆ 値上げが高すぎると言われた ……………………………… 144

COLUMN • 6 自社製品の値上げに取引先が応じてくれない ………… 147

26 ◆ 15年以上前から価格が変わらない製品 ………………… 149

27 ◆ 転注すると言われたが本当だろうか？ ………………… 154

COLUMN • 7 変化点管理と設計審査 …………………………………… 157

28 ◆ 担当者が値上げに応じてくれない …………………… 160

29 ◆ 取引先との交渉をどうすればよいのだろうか？ …… 163

30 ◆ どうしたら取引先と良好な関係を築くことが
できるのだろうか？ ……………………………………………… 167

v

31 ◆ 赤字がひどく断りたい ……………………………………… 170

32 ◆ 価格以外の交渉材料はないだろうか？ ……………… 174

COLUMN • 8 なぜ品質に対して厳しい要求をするのか ……………178

33 ◆ 交渉が苦手 ………………………………………………… 181

付 録 | **国の支援策とその活用** ……………………… 185

COLUMN • 9 交渉力を高めるには ……………………………………… 198

あとがき ……………………………………………………………… 201

ポイントチェック表 ………………………………………………… 203

第 **1** 章

まずは原価と値上げの
疑問に答えます

値上げ金額を計算するためには、原価計算の基本的な知識が必要です。そこで本書で行う原価計算の考え方を以下の節で説明します。なお、6節以降では受注の減少や原材料の上昇などにより条件が変わると、原価はどれだけ上がるのかを説明します。

1. 製品1個の原価はいくらだろうか？
2. 人のアワーレートはいくらだろうか？
3. 設備の費用はいくらだろうか？
4. 製品1個の間接製造費用はどうすればよいのだろうか？
5. 販管費と目標利益
6. 受注が少なくなると原価は上がるのだろうか？
7. 材料費の上昇には、どう対応すればよいのだろうか？
8. 人件費の上昇と値上げ
9. 電気代の上昇と値上げ
10. 消耗品が高くなればいくら値上げが必要だろうか？
11. 高価な設備は原価がどれだけ上がるのだろうか？
12. 間接費用の増加で原価はどれだけ変わるのだろうか？
13. 値上げ金額の明細

1 製品1個の原価はいくらだろうか？

（1）製品1個の原価計算

製品1個の原価は、材料費、外注加工費（外注費）と社内で発生する製造費用の合計です。

製造原価 ＝ 材料費 ＋ 外注費 ＋ 製造費用

製造原価は材料費、外注費、製造費用の合計

これを**図1-1**に示します。社内で発生する製造費用は、その製品を製造するのに直接発生した直接製造費用（労務費や設備費）と、間接製造費用（間接部門や工場の経費）の合計です。

製造費用 ＝ 直接製造費用（労務費 ＋ 設備費）＋ 間接製造費用

図1-1 ▶ 製造原価の構成

直接製造費用はアワーレート[注1]に、1個にかかった製造時間をかけて計算します。人が設備を操作して製造する場合、人の費用と設備の費用の合計です。

注1 アワーレートは時間当たりの費用のことで、チャージ、賃率、ローディングなどと呼ばれることもあります。単位時間は1時間のほか、分、または秒の場合もあります。

人の製造費用 = アワーレート（人）× 製造時間（人）
設備の製造費用 = アワーレート（設備）× 製造時間（設備）

現場[注2]によって人や設備の費用が違う場合は、このアワーレートは現場ごとに計算します。

人と設備が同じ時間製造する場合、製造費用はアワーレート（人）とアワーレート（設備）の合計に製造時間をかければ計算できます。

アワーレート（人＋設備）= アワーレート（人）＋アワーレート（設備）
製造費用 = アワーレート（人＋設備）× 製造時間

製品1個の間接製造費用はどうやって計算するのでしょうか。間接製造費用（間接部門の人件費や工場の経費）は、各現場に分配[注3]し、その現場の直接製造費用と間接製造費用を合計してアワーレートとして計算します。本書ではこれを「アワーレート間」と呼ぶことにします（**図1-2**）。

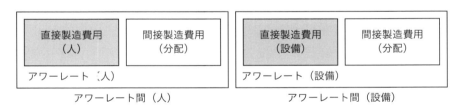

図1-2 ▶ アワーレートとアワーレート間

間接製造費用を含んだ製造費用は、

間接製造費用を含んだ人の製造費用
　= アワーレート間（人）× 製造時間（人）

注2　本書ではアワーレートを計算する組織の単位を「現場」と呼びます。同じ部署でも設備の種類が異なりアワーレートも異なれば別の現場とします。例えば、製造1課にマシニングセンタとNC旋盤があれば、現場1はマシニングセンタ、現場2はNC旋盤とします。

注3　会計では固定費を割り振ることを「配賦」と呼びますが、本書では難しい会計用語は使わず、一般的な「分配」を使用します。

間接製造費用を含んだ設備の製造用
　　＝ アワーレート間（設備）× 製造時間（設備）

では1個の製造時間はどうやって計算するのでしょうか。

 製造時間には段取時間も含まれる

1個の製造時間は、1個の加工時間に1個当たりの段取時間を加えて計算します。1個当たりの段取時間は、1回の段取時間をロットの数で割って計算します。

$$製造時間 = \frac{段取時間}{ロット数} + 加工時間$$

製造時間に1個あたりの段取時間を入れるのは、ロットの大きさによって1個当たりの段取費用が変わるためです。特にロットが小さい場合はロットの大きさの変化によって原価が大きく変わります。

一方、大量生産で段取の頻度が少ない場合は、製造時間の計算に1個当たりの段取時間を入れないこともあります。

（2）人や設備の費用、間接製造費用はどうすればよいのだろうか

それぞれの現場の人や設備のアワーレート間を計算するには、現場の人や設備の費用と、その現場の間接製造費用が必要です。これはどうすればよいでしょうか。

多くの中小企業では、各現場の人や設備の費用が毎月どれくらいなのかわかりません。しかし会社の1年間の費用の合計金額はわかります。それは決算書です。決算書（損益計算書）には、1年間に会社に入ってくるお金（売上）、出るお金（費用）、残るお金（利益）が示されています。

そこで先期の決算書を元に各現場の人や設備の費用、間接製造費用を計

算します。間接製造費用は**図1-3**に示す決算書（製造原価報告書）の中の間接部門の労務費と、製造経費です。ただし製造経費の一部は設備のアワーレートの計算に使用するため、直接製造費用です。

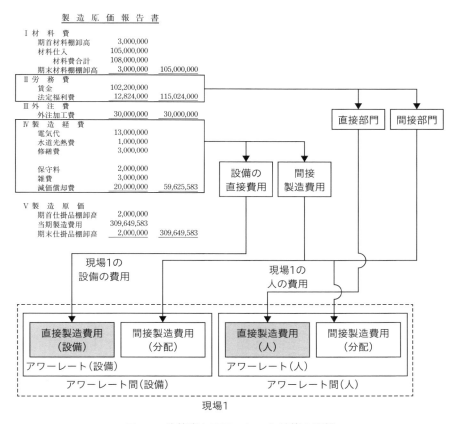

図1-3 ▶ 決算書とアワーレート計算の関係

これを元に今期のアワーレートを計算します。今期も先期と同様の人員、設備の構成であれば、アワーレートも同じになるはずです。ただし今期は先期に比べ大幅な人員や組織の変更があった場合は修正が必要です。

では、ここからアワーレートはどうやって計算するのでしょうか。これについては次節で説明します。

2 人のアワーレートはいくらだろうか？

　人の製造費用はアワーレート（人）×製造時間（人）で計算します。ではアワーレート（人）はどのように計算するのでしょうか。

（1）人のアワーレートの計算

　アワーレート（人）は以下の式で計算します。

$$アワーレート（人）= \frac{人の年間費用}{年間就業時間 \times 稼働率}$$

ポイント3　アワーレート（人）は人の年間費用と年間時間から計算する

- 人の年間費用は、賞与や各種手当を含めた1年間の総支給額と会社が負担した社会保険料の合計です。
- 年間就業時間は、残業も含めた年間の就業時間の合計です。
- 稼働率は就業時間に対して実際に付加価値を生み出している時間（稼働時間）の割合で、以下の式で計算します。

$$稼動率 = \frac{稼働時間}{就業時間}$$

アワーレート（人）の計算では、就業時間に稼働率をかけます。

（2）なぜ稼動率をかけるのだろうか？

　理由は1日のうちでお金を稼いでいない時間があるからです。ある作業者の1日を**図2-1**に示します。

第1章 ● まずは原価と値上げの疑問に答えます

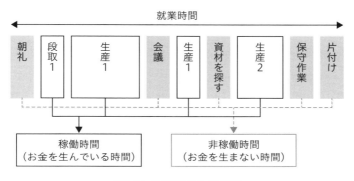

図2-1 ▶ 作業者の1日の例

　このように1日の中で、朝礼、会議、資材を探す、保守作業などは「仕事」をしていても生産していないため、お金を稼いでいません。しかしこの時間も賃金は発生します。そこで就業時間に稼働率をかけて、お金を稼いでいる時間（稼働時間）を計算し、この稼働時間からアワーレートを計算します。

　この稼働率はいろいろな意味に使われますが、本書は「稼働時間を就業時間で割ったもの」とします。

　稼動率は年間の平均値を使用します。稼働率の値は1日現場にいる作業者でも80〜95％くらいです。現場のリーダーはもっと低くなります。

 ポイント4　アワーレート（人）の計算で就業時間に稼働率をかけるのはお金を稼いでいない時間があるから

　図2-1で段取時間を稼働時間に入れているのは、本書は段取費用も見積に入れるためです。見積に含まれるので段取時間も「お金を稼いでいる時間」です。もし段取費用を見積に入れない場合は、段取時間は「お金を稼いでいない時間」になり、稼働時間には入れません。

7

（3）賃金が高い人がつくったものは原価が高いのだろうか？

　アワーレート（人）は人の年間費用から計算します。そのため、賃金の高い作業者はアワーレート（人）が高くなり、原価も高くなります。これは正しいのですが、現実には同じ製品でも賃金の高い作業者がつくった「原価が高い製品」と、賃金の低い作業者がつくった「原価が低い製品」を管理するのは困難です。

　そこで現場全体でアワーレート（人）を平均します。この平均アワーレート（人）は以下の式で計算します。

$$平均アワーレート（人） = \frac{各作業者の年間費用合計}{（年間就業時間 \times 稼働率）の合計}$$

　例としてA社　NC旋盤の現場の平均アワーレート（人）を計算します。（A社の詳細は第2章14節P.80〜を参照願います。）この現場は**図2-2**に示す4人の作業者がいて、年間費用が異なります。4人の年間費用の合計は

　作業者の年間費用合計 ＝ 352 ＋ 352 ＋ 440 ＋ 528 ＝ 1,672万円

年間就業時間と稼働率は4人とも
年間就業時間：2,200時間
稼働率：0.8
でした。

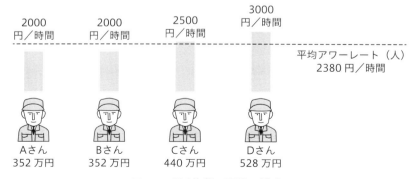

図2-2 ▶ NC旋盤の現場の構成

第1章 ● まずは原価と値上げの疑問に答えます

平均アワーレート（人）は、

$$平均アワーレート（人）= \frac{1,672 \times 10^4}{2,200 \times 0.8 \times 4} = 2,375 ≒ 2,380 円／時間^{注}$$

この平均アワーレート（人）2,380円／時間であれば、4人の誰がつくっても同じ原価です。

もし現場間で頻繁に人が移動する場合は、各現場の人の年間費用合計も頻繁に変わります。その場合は工場全体の平均アワーレート（人）を使用します。大企業でも工場全体の平均アワーレート（人）だけということもあります。

ポイント 5 **アワーレート（人）の計算では現場全体で平均する**

ではアワーレート（設備）はどのように計算するのでしょうか。これについては次節で説明します。

注 本書ではアワーレートの値は1桁目を四捨五入して区切りのよい数字にしています。これは数字が細かいと直感的に捉えにくいためです。実際の計算では正確な数字を使用します。ほかにも一部の数字で1桁目を丸めていますが、これも数字を直感的に捉えやすくするためです。

9

3 設備の費用はいくらだろうか？

（1）設備のアワーレートの計算

アワーレート（設備）は、人と同様に設備の年間費用を年間の操業時間と稼働率で割って計算します。

$$アワーレート（設備）＝\frac{設備の年間費用}{年間操業時間 \times 稼働率}$$

設備の年間費用は購入費用とランニングコストです。

 ポイント6 アワーレート（設備）の計算で使うランニングコストの内訳にはエネルギー費などがある

ランニングコストは、設備を動かすことで発生する費用です。例えば電気、ガスなどエネルギー費や、消耗品、保守費、修理費などがあります（**図3-1**）。

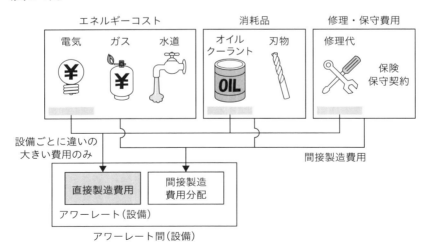

図3-1 ▶ ランニングコストの例

第1章 ● まずは原価と値上げの疑問に答えます

年間の電気代、ガス代、消耗品費用などは決算書（製造原価報告書）の「製造経費」に示されています。しかしこれらの費用は現場の設備にどのくらいかかったのか、正確にはわかりません。そこで間接製造費用として各現場に分配します。もし特定の設備で多額の修理費や保守費用が発生する場合は、その設備固有の費用にします。

年間操業時間や稼働率の考え方は人と同じです。設備の場合は人と違い1年の中で半分しか稼働しないこともあります。その場合、アワーレート（設備）はかなり高くなります。

では設備の購入費用はどうやって計算するのでしょうか。

（2）設備の購入費用の計算

設備の購入費用は減価償却費として決算書に計上されます。この減価償却費は以下の特徴があります。

- 減価償却の方法は定額法と定率法の2種類あり企業が選択する
- 耐用年数は、「法定耐用年数」が税法で決められている

① 定率法と定額法

定額法：購入価格を法定耐用年数で割った金額で、毎年同じ金額を償却
定率法：毎年簿価の一定割合を減価償却の金額とする。簿価は毎年下がる
　　　　ため減価償却の金額も毎年下がる（途中から一定金額になる）

例えば購入金額が1,500万円、法定耐用年数が10年の設備の定率法と定額法の減価償却費を**図3-2**に示します。

11

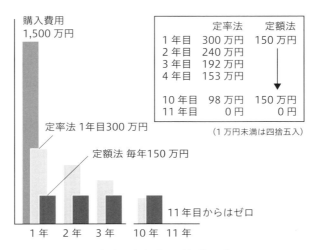

図3-2 ▶ 定率法と定額法の減価償却費

定額法の減価償却費は毎年150万円で一定です。

定率法の減価償却費は1年目300万円、2年目240万円と年々減少します。

法定耐用年数10年を過ぎれば、定率法も定額法も減価償却費はゼロです。

減価償却を定額法と定率法のどちらで行うかは企業が決めます。中小企業は定率法を採用する企業が多いようです。

② 法定耐用年数

耐用年数は設備の種類ごとに税法で決められています（法定耐用年数）。実際には法定耐用年数よりも長く使える設備もあれば、法定耐用年数の前に使えなくなる設備もあります。

③ 減価償却費の問題

アワーレート（設備）の計算に減価償却費を使用すると、次の問題があ

ります。
- 定率法の場合、年々減価償却費が減少するため、アワーレート（設備）も年々減少する。
- 法定耐用年数を過ぎれば減価償却費はゼロになるため、アワーレート（設備）が低くなる。

減価償却費が減少すればアワーレート（設備）は低くなります。見積金額も低くなりますが、それでも利益は出ます。顧客から厳しい値下げ要求があれば価格を下げることができます。しかし価格を下げても問題ないでしょうか。

アワーレート（設備）の計算には、「実際の償却費（設備の購入費用を実際の耐用年数で割った金額）」を使用する

順調に稼働している設備もいつかは更新時期がきます。更新すれば再び減価償却費が発生します。アワーレート（設備）も高くなります。その分値上げしなければ赤字になってしまいます。しかし設備の更新という理由で値上げできるでしょうか。

減価償却費からアワーレート（設備）を計算すると、この問題が起きます。そこでアワーレート（設備）は、設備の購入費用を実際の耐用年数で割った金額（これを「実際の償却費」と呼ぶことにします）から計算します（**図3-3**）。実際の償却費は以下の式で計算します。

$$実際の償却費 = \frac{設備の購入金額}{本当の耐用年数}$$

図3-3で、
- 定額法の減価償却費は年間150万円（法定耐用年数10年）
- 定率法の場合、1年目は300万円、2年目は240万円

この設備は15年使える場合、実際の償却費は100万円です。

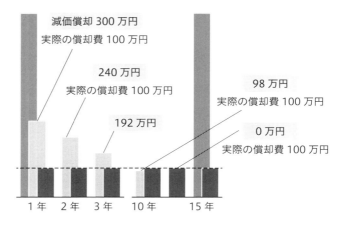

図3-3 ▶ 実際の償却費

　例としてA社、NC旋盤の現場のアワーレート（設備）を計算します。この現場は**図3-4**に示すように4台のNC旋盤があります。

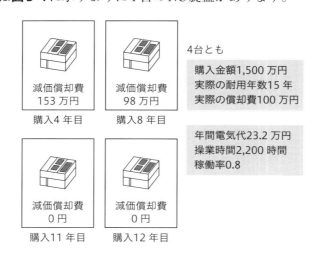

図3-4 ▶ NC旋盤の現場の設備

計算を簡単にするため4台とも

購入価格　　　　：1,500万円

ランニングコスト：23.2万円

年間操業時間　　：2,200時間

稼働率　　　　　：0.8

実際の耐用年数　：15年

とします。実際の償却費は

$$実際の償却費 = \frac{1,500}{15} = 100\,万円$$

この現場の平均アワーレート（設備）は

$$平均アワーレート（設備）= \frac{（実際の償却費 + ランニングコスト）合計}{（年間操業時間 \times 稼働率）合計}$$

$$= \frac{（100 + 23.2）\times 4 \times 10^{4}}{2,200 \times 0.8 \times 4} = 700\,円/時間$$

700円/時間でした。

COLUMN・1

設備の更新と廃業増加の問題

　減価償却費は費用ですが、実際は、2年目以降はお金の支出はありません。つまり減価償却費の分、会社にはお金が残ります。下図では減価償却費は、1年目は300万円、2年目は240万円でした。2年目は240万円お金が残ります。この減価償却費の分プラスしたお金を貯めれば、法定耐用年数が終わった時、その合計は、図のように初年度の減価償却費（300万円）の分も含めれば、設備の購入金額になります。このお金を設備の更新に使います。

　もし設備の購入資金を借入した場合は、減価償却によってプラスしたお金で借入金を返済します（実際は、返済期間は法定耐用年数よりも短いことが多いのでもっとお金は必要です）。そして次に設備を更新する時は返済が終わり、新たにお金を借りられる状態になります。

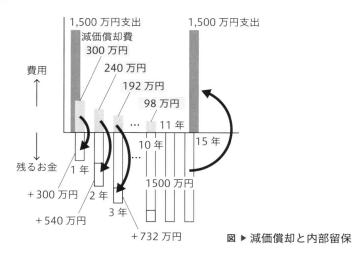

図 ▶ 減価償却と内部留保

　注意が必要なのは、3節でも述べたように、減価償却費が減少すると売上が少なくても利益が出ることです。顧客の値下げ要求が厳しければ値下げしても利益が出ます。しかし設備の更新時期がきた時に十分な内部留保がなければ設備が更新できません。

近年、中小企業（製造業）の廃業の原因に設備の老朽化があります。原因は厳しい値下げ要求に対応したことで利益が出なくなり、設備の更新に必要な内部留保が蓄積できなかったためです。特に高額な設備の場合、設備の更新に多額に資金が必要です。それもあって事業の継続を断念します。

それを防ぐためには中期計画で設備の更新時期と必要な資金を予測します。そして資金を確保するのに必要な利益計画を立てます。従って利益は儲けでなく、企業の存続に必要なお金なのです。

これは汎用的な設備を使用して様々な製品を製造する場合です。これに対して、ある製品専用の設備を導入する場合、償却の考え方が異なります。専用設備はその製品の売上だけで償却する必要があります。つまり金型と同じです。その場合、その製品の累計生産量の見込みから製品1個の償却費を計算します。

例えば、ある製品を製造するために1,000万円の専用設備を導入します。その製品は月産1万個、4年間生産する計画です。製品1個あたりの設備費用は、

$$製品1個当たりの設備費用 = \frac{設備の価格}{累計生産量}$$

$$= \frac{1,000 \times 10,000}{10,000 \times 12 \times 4} = 20.8 円$$

20.8円です。

この20.8円も原価と考え、見積に加えます。ただし、1,000万円を4年間で回収する場合、正確に計算するには金利を考慮する必要があります（DCF法）。

計画通り月産1万個、4年間48万個生産できれば問題ありません。しかし途中で生産が打ち切りになった場合、設備の償却が不足します。設備費用を取引先が負担する場合、償却が不足した分は別途請求しなければなりません。こういうこともあるため、累計生産量が計画から乖離した場合の対処も見積書に記載します。

4 製品1個の間接製造費用はどうすればよいのだろうか？

　製品を直接製造する作業者や設備の費用以外に、工場では間接部門の人件費や工場全体の経費など間接製造費用があります。これも原価の一部です。これは製品1個いくらでしょうか。

（1）間接製造費用とは

　直接製造費用と間接製造費用を**図4-1**に示します。ここで間接製造費用とは、どの製品にどのくらいかかったのか明確にわからない費用で、間接部門の労務費と、消耗品など工場全体で発生する費用です。

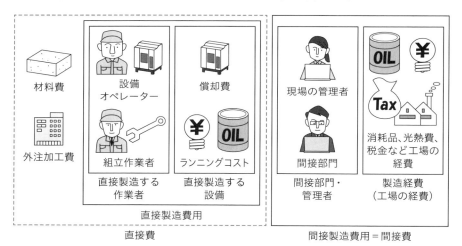

図4-1 ▶ 直接製造費用と間接製造費用

　大企業は発生するそれぞれの経費を各部門に分配して、部門ごとのアワーレートを計算します。しかしこれはとても手間がかかります。
　一方、取引先は見積査定する際に、仕入先の間接製造費用がどれくらいかわかりません。そのため直接製造費用に対し経費を10％として計算することもあります。これは正しいのでしょうか。

間接製造費用は各現場に分配する

　製品1個製造するのにどのくらい間接製造費用が発生したのか、実際は正確にわかりません。そこで間接製造費用を各現場に分配し、その現場の直接製造費用と間接製造費用の合計からアワーレートを計算します。本書は直接製造費用のみから計算したアワーレートと区別するために、これをアワーレート間と呼びます。

① 分配の考え方
　間接製造費用の分配を、本書では以下のように考えます。
- 間接部門の費用は労務費のみとする
- 間接部門の費用は、その部門が関与する現場に分配する
- 製造経費は間接部門に分配せず、各現場に直接分配する

　では、どのようなルールで間接部門の費用や製造経費を分配すればよいでしょうか。

② 分配のルール
　間接製造費用の分配には、これが正しいというルールはありません。原価計算の専門書には、現場の面積や作業者の人数に比例して分配する方法がありますが、面積の広い現場の電気代が高いとは限らず、理論的な根拠はありません。
　そこで本書は、以下の簡単なルールで分配します。
　ⓐ 各現場の直接時間の合計に比例して分配
　ⓑ 各現場の直接製造費用の合計に比例して分配

　ⓐの各現場の直接時間の合計に比例して分配する方法は、「直接製造時間が大きい現場は工場の資源（リソース）を多く使用し、生み出す付加価

値も高いから、間接製造費用を多く分配する」という考えです。

　ⓑの各現場の直接製造費用に比例して分配する方法は、「直接製造費用が大きい現場は費用をかけて多くの付加価値を生むため、間接製造費用を多く分配する」という考えです。

　どちらの分配ルールを採用するかでアワーレートは変わりますが、どちらが正解ということはないため、自社に合った方法を選択します。
　アワーレート間（人）、アワーレート間（設備）は以下の式で計算します。

$$\text{アワーレート間（人）} = \frac{\text{各作業者の年間費用合計 + 間接製造費用分配}}{\text{（年間就業時間 × 稼働率）合計}}$$

$$\text{アワーレート間（設備）} = \frac{\text{各設備の年間費用合計 + 間接製造費用分配}}{\text{（年間操業時間 × 稼働率）合計}}$$

③ 具体的な計算例

　例としてＡ社　NC旋盤の現場のアワーレート間（人）、アワーレート間（設備）を計算します。この例では直接製造費用に比例して間接製造費用を分配しました。その結果、NC旋盤の人の現場の間接製造費用分配は544万円でした[注]。
　アワーレート間（人）は
　各作業者の年間費用合計：1,672万円
　間接製造費用分配：544万円
　年間就業時間：2,200時間（4人とも）
　稼動率：0.8（4人とも）

$$\text{アワーレート間（人）} = \frac{(1,672 + \boxed{544}) \times 10^4}{2,200 \times 0.8 \times 4} = 3,148 ≒ 3,150 \text{円／時間}$$

　アワーレート（人）　：2,380円／時間
　アワーレート間（人）：3,150円／時間

間接製造費用が分配されたことで770円/時間増加しました。これを**図4-2**に示します。

図4-2 ▶ アワーレート（人）とアワーレート間（人）

アワーレート間（設備）は、
実際の償却費（4台とも）：100万円
ランニングコスト（4台とも）：23.2万円
年間操業時間（4台とも）：2,200時間
稼動率（4台とも）：0.8

NC旋盤の設備の間接製造費用分配も544万円でした。

アワーレート間（設備）
$= \dfrac{((100+23.2) \times 4 + \boxed{544}) \times 10^4}{2,200 \times 0.8 \times 4} = 1,473 \fallingdotseq 1,470$ 円/時間

アワーレート（設備）　　：700円/時間
アワーレート間（設備）：1,470円/時間

注：本書のモデルA社の間接製造費用の分配計算は、弊社（巻末著者略歴の（株）アイリンク）の原価計算システム「利益まっくす」で行いました。

間接製造費用が分配されたことで700円/時間増加しました。これを**図4-3**に示します。

図4-3 ▶ アワーレート（設備）とアワーレート間（設備）

5 販管費と目標利益

　見積書には製造原価以外に販売費及び一般管理費（販管費）と利益を入れます。販管費は会社で発生する費用の中で、製造に直接関係しない費用です。
　なぜ見積に販管費を入れるのでしょうか。

(1) 販管費の計算方法

　それは、販管費も原価の一部だからです。販管費には以下の2つがあり、その例を**図5-1**に示します。
　販売費　　：商品や製品を販売するための費用
　一般管理費：会社全般の業務の管理活動にかかる費用

　実際は一般管理費の大半は工場で働く人や工場や設備のための管理費です。従って販管費も原価の一部と考えます。
　そこで本書は製造原価と販管費を合計したものを「販管費込み原価」と呼びます。
　（会計では「総原価」と呼びます。）

役員報酬　　労務費　　通信費　　消耗品費　　減価償却費　　運賃　　税金　その他

図5-1 ▶ 販管費の例

　製品1個の販管費は、製造原価に一定の比率をかけて計算します。本書はこれを「販管費レート」と呼びます。販管費レートは以下の式で計算します。

$$販管費レート = \frac{決算書の販管費}{決算書の製造原価}$$

販管費、販管費込み原価は以下の式で計算します。

販管費 = 製造原価 × 販管費レート
販管費込み原価 = 製造原価 + 販管費

例としてA社の販管費レートを計算します。
決算書からA社の
製造原価　3億960万円　　販管費　7,700万円

$$販管費レート = \frac{7,700}{30,960} = 0.249 ≒ 25 \%$$

見積金額を出すためには目標利益も必要です。

（2）目標利益

　見積書の利益の決め方は、企業によってそれぞれのやり方があります。ここでは、参考までに先期の営業利益率から計算する方法を紹介します。先期の営業利益率は以下の式で計算します。

$$先期の営業利益率 = \frac{先期の営業利益}{先期の売上高}$$

　先期の営業利益率から今期の営業利益率の目標値を決めます。例えばA社の先期の営業利益率は3％でした。そこで今期の目標営業利益率を8％としました。

　見積書の利益は、販管費込み原価から計算します。そこで（売上高）営業利益率から販管費込み原価に対する利益率（販管費込み原価利益率）を計算します。これは以下の式で計算できます。

$$販管費込み原価利益率 = \frac{目標営業利益率}{1 - 目標営業利益率}$$

A社の目標営業利益率は8％なので

$$販管費込み原価利益率 = \frac{0.08}{1 - 0.08} = 0.087 = 8.7\%$$

販管費込み原価利益率は8.7％でした。目標利益は、販管費込み原価にこの販管費込み原価利益率をかけて計算します。

$$目標利益 = 販管費込み原価 \times 販管費込み原価利益率$$

 見積金額（見積書の利益）は目標利益を計算して決める

（3）具体的な見積金額

A社、架空のA1製品の見積金額を具体的に計算します。

A1製品の材料費、外注費、製造時間、アワーレート間、販管費レートは以下の値でした。

A1製品の
材料費：330円
外注費：50円
製造工程：NC旋盤　（人と設備が一緒に作業）
ロット：100個
段取時間：0.5時間
加工時間：0.07時間

NC旋盤の現場

アワーレート間（人）：3,150円／時間

アワーレート間（設備）：1,470円／時間

販管費レート：0.25

販管費込み原価利益率：0.087

$$製造時間 = \frac{段取時間}{ロット数} + 加工時間$$

$$= \frac{0.5}{100} + 0.07 = 0.075 \, 時間$$

製造費費用

　　＝〔アワーレート間（人）＋ アワーレート間（設備）〕× 製造時間

　　＝（3,150 ＋ 1,470）× 0.075 ＝ 346円

製造原価 ＝ 材料費 ＋ 外注費 ＋ 製造費用

　　　　＝ 330 ＋ 50 ＋ 346 ＝ 726円

販管費 ＝ 製造原価 × 販管費レート

　　　　＝ 726 × 0.25 ＝ 182円

販管費込み原価 ＝ 製造原価 ＋ 販管費

　　　　　　　＝ 726 ＋ 182 ＝ 908円

目標利益 ＝ 販管費込み原価 × 販管費込み原価利益率

　　　　＝ 908 × 0.087 ＝ 79 ≒ 80円

見積金額 ＝ 販管費込み原価 ＋ 目標利益

　　　　＝ 908 ＋ 80 ＝ 988円

　A1製品は988円で受注すれば80円の利益が得られます。これを**図5-2**に示します。

図5-2 ▶ 見積金額の構成

　見積書の金額をいくらにするのかは値引きにもよります。取引先の担当者が値引きがノルマになっているような場合、この金額に値引き代を加えます。そうしておかないと988円の見積金額の場合、端数の8円の値引きが求められます。8円値引きすれば80円の利益が72円になってしまいます。

　なお、この見積金額はロット100個の時の金額です。ロットが変われば原価が変わるため、見積書にはロットの条件は必ず記載します。

　ではロットが変わると見積金額はどれだけ変わるのでしょうか。

ロットが減少すると見積は高くなる

　A1製品の例でロットが100個から20個に減少した場合、見積金額はいくら高くなるでしょうか。

ロット：20個

$$製造時間 = \frac{段取時間}{ロット数} + 加工時間$$

$$= \frac{0.5}{20} + 0.07 = 0.095 \text{時間}$$

製造費費用

  ＝〔アワーレート間（人）＋ アワーレート間（設備）〕× 製造時間

  ＝（3,150 ＋ 1,470）× 0.095 ＝ 439 円

製造原価 ＝ 材料費 ＋ 外注費 ＋ 製造費用

        ＝ 330 ＋ 50 ＋ 439 ＝ 819 円

販管費 ＝ 製造原価 × 販管費レート

        ＝ 819 × 0.25 ＝ 205 円

販管費込み原価 ＝ 製造原価 ＋ 販管費

            ＝ 819 ＋ 205 ＝ 1,024 円

目標利益 ＝ 販管費込み原価 × 販管費込み原価利益率

        ＝ 1,024 × 0.087 ＝ 89 円

見積金額 ＝ 販管費込み原価 ＋ 目標利益

        ＝ 1,024 ＋ 89 ＝ 1,113 円（＋125 円）

ロット 100 個から 20 個に条件が変われば、1,113 円で受注しなければ、必要な販管費や利益が得られないのです。

COLUMN • 2
なぜ粗利ではダメなのか

　毎月十分な粗利益（粗利）があり、粗利の合計が販管費を上回れば利益が出ます。だったら「個々の製品の販管費まで計算しなくても、粗利率だけ管理すればいいのではないか」という考え方もあります。小売業はそのように考えます。しかし製造業は小売業とは利益の考え方が違います。

小売業

　小売業の場合、販売価格から（仕入）原価を引いたものが粗利です。製品1個の粗利は

　　粗利 ＝ 販売価格 － 仕入原価

　小売業の場合、仕入原価は変動費、販管費は固定費です。（一部、変動費もありますが、本書は固定費と考えます。）
　売上から変動費を引いたものを限界利益と呼びます。小売業の場合

「限界利益 ＝ 粗利」です（下図参照）。

図 ▶ 小売業の販売価格と限界利益

　販管費は固定費で毎月変わらないため、粗利の合計が常に販管費を上回れば利益が出ます。この時、粗利の比率が高く儲かる商品でも、販売量が少なければ粗利の合計は多くありません。逆に、粗利の比率は低くても販売量が多ければ、粗利の合計は多くなります。

つまり売れなければ、値下げしてでも販売量を増やせば、それで利益が出るようになります。

製造業

製造業の場合、仕入原価でなく製造原価です。この製造原価にも、変動費（材料費・外注費）と固定費（製造費用）があります。

従って製造業の場合

限界利益 ≠ 粗利益

です。これを下図に示します。

図 ▶ 製造業の受注金額と限界利益の例

製造業は製造原価の中にも固定費があるため、粗利でなく限界利益の合計を管理します。限界利益の合計が固定費を上回れば利益が出て、下回れば赤字です。

製造業の売上（生産量）は、工場の設備と人員で決まってしまいます。受注が急に増えても生産は急に増やせません。つまり小売業のように価格を下げて大量に販売するのは困難です。そのため製造業の場合、利益を出すためには、1つひとつの製品に確実に利益がなければなりません。この点が店舗や人を増やさなくても売上を大きく増やせる小売業と違う点です。

その一方で受注が少なければ、工場の固定費を回収できず赤字になります。その場合は、赤字の製品だとしても、少しでも受注を増やして固定費を回収しなければなりません。

6 受注が少なくなると原価は上がるのだろうか？

受注が大幅に減少し今月の生産はこれまでの半分になりました。1日の半分は人も設備も生産していません。それでも工場の費用は変わらないため、原価は高くなっています。どのくらい原価は高くなったのでしょうか。

ポイント 11 稼働率が下がればアワーレートは上昇する

受注が少なくなれば、人や設備の稼働率が低下します。その結果、アワーレートが上昇します。

例えばA社、NC旋盤の現場の稼働率が0.8から0.4と半分になりました。その結果、アワーレート間は、

$$アワーレート間（人）= \frac{(1,672 + 544) \times 10^4}{2,200 \times \boxed{0.4} \times 4} = 6,295 ≒ 6,300 円／時間$$

アワーレート間（設備）

$$= \frac{((100 + 23.2) \times 4 + 544) \times 10^4}{2,200 \times \boxed{0.4} \times 4} = 2,945 ≒ 2,950 円／時間$$

アワーレート間（人）：3,150 → 6,300 円／時間（2倍）
アワーレート間（設備）：1,470 → 2,950 円／時間（2倍）

アワーレート間（人 ＋ 設備）= 6,300 + 2,950 = 9,250 円／時間

稼働率が半分になったため、アワーレートは2倍になりました。A1製品の原価は

製造時間：0.075 時間

製造費用 ＝ アワーレート間（人 ＋ 設備）× 製造時間
　　　　＝ 9,250 × 0.075 ＝ 694 円

材料費：330 円
外注費：50 円
製造原価 ＝ 材料費 ＋ 外注費 ＋ 製造費用
　　　　＝ 330 ＋ 50 ＋ 694 ＝ 1,074 円

稼働率0.8の時の製造原価が726円なので、製造原価は348円増加しました。

大企業などで標準原価計算を行っている場合、基準となる稼働率を決めて標準原価を計算します。実際は、工場の稼働率が下がれば実績原価は高くなります。標準原価と差が生じるため、原価差異を計算して在庫や仕掛品の金額に反映させます（**図6-1**）。つまり実績原価は変動しているのです。

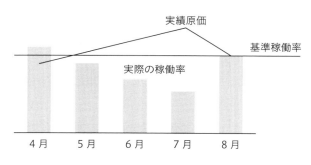

図6-1 ▶ 稼働率と原価の関係

 稼動率が下がっても値段は上げられない

稼働率によって実績原価は変動し、稼働率が低くなれば原価は高くなります。だからといって稼働率が下がっても値段を高くするのは困難です。

そこで受注が減少し稼働率が下がった場合は、値段を変えるのでなく、受注を増やして工場の稼働を上げるようにします。この時、値引きすれば受注を増やせるのであれば、値引きも検討します。

　稼働率によってアワーレートは大きく変わるため、基準の稼働率をいくつにするかはとても重要です。この基準の稼働率は大量生産と多品種少量生産でも変わります。大量生産では人や設備がフル稼働している状態が基本です。対して多品種少量生産や単品生産では大量生産に比べて稼働率が低くなります。そこで現場の実際の稼働率を調べ、そこから基準の稼働率を決めます。

7 材料費の上昇には、どう対応すればよいのだろうか？

　多くの資源を輸入に頼る日本は、世界的なインフレや需要の増加、円安などの要因で材料費は変動します。

　例えば、鋼材の市況価格（例：厚板16〜15ミリ）は2021年から2022年の1年間で43％上昇しました（**図7-1**）。

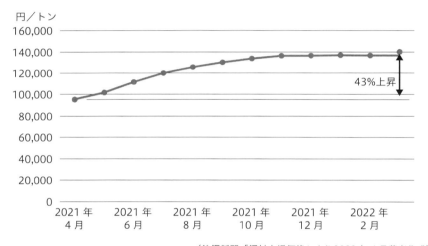

（鉄鋼新聞「鋼材市場価格」より2022年4月著者作成）

図7-1 ▶ 鋼材価格の変動

（1）材料費の変動

　ここで、材料価格の上昇による原価の上昇を計算し、値上げ交渉をするとします。

　例えばA社、A1製品の材料価格（鋼材）が10％上昇しました。

　材料単価：330円/kg
　価格上昇：10％（363円/kg）

値上げ金額 ＝ 330 × 0.1 ＝ 33 円

　材料の中には、加工した切りくず（スクラップ）が売れる場合があります。製品の価格の中でスクラップの売却価格が一定の比率を占める場合、これをマイナスの材料費として見積に入れます。

　例えば、プレス加工は製品の価格に占める材料費の比率が高く、スクラップの売却価格も高いため、見積にスクラップの売却価格を入れます。あるいは銅や真鍮などの非鉄金属も材料価格が高く、スクラップの売却価格も高いため、見積に入れるように取引先から言われることがあります。

　例えば、A1製品は材料を 1 kg 使用し、そのうち20％が切りくずになります。

　スクラップの売却価格は、

　切りくず重量 ＝ 1 × 0.2 ＝ 0.2kg

　スクラップ価格：5 円/kg

　スクラップ売却価格 ＝ 0.2 × 5 ＝ 1 円

　スクラップ売却価格は1円でした。

　スクラップ売却価格を考慮した材料費は、

　材料費 ＝ 330 － 1 ＝ 329 円

1 円低くなりました。プレス加工のようにスクラップの量が多ければ、材料費はもっと下がります。

　このスクラップ費用が決算書では材料費でなく、雑収入（営業外費用）で計上されていることがあります。その場合、本当の利益は、決算書の営業利益にスクラップ費用（雑収入）を加えた金額です。

（2）原材料以外の材料費

　材料には、原材料以外に**図7-2**に示す様々なものがあります。

図7-2 ▶ 材料の種類

　工場消耗品、消耗工具器具備品は、製造経費に計上されます。これらはどの製品にどのくらい使われたのかわからないため、まとめて間接製造費用とします。
　ただし、特定の製品で使用量がとても多い場合、その製品固有の材料費とします。例えば、
- 塗装工場の塗料、洗浄液
- 熱処理工場の熱処理用のガス
- 大型の製品の梱包資材
- 切削加工の刃物

などです。この場合、製品1個当たりの使用量を計算し、その製品の原価に入れます。（ただし見積書にそこまで記載するかどうかは企業が判断し

ます。)

ポイント13 材料価格の上昇による原価上昇を計算して値上げ交渉する(スクラップ売却価格も考慮する)

　例えば、A社、A1製品の製造に高価な工具が必要だったとします。しかもこの工具は1個で1,000個の製品しか加工できませんでした。この工具の価格が10,000円だった場合、A1製品1個の刃物代は、

$$製品1個の刃物代 = \frac{刃物代}{加工できる数}$$
$$= \frac{10,000}{1,000} = 10 円$$

　A1製品の原価は、製造費用346円に材料費330円、スクラップ売却価格▲1円、外注費50円、刃物代10円を加えて

　製造原価 = 材料費 − スクラップ売却価格 + 外注費 + 刃物代 + 製造費用
　　　　　 = 330 − 1 + 50 + 10 + 346 = 735 円

735円でした。

(3) 価格が変動した場合の値上げ金額

　例えば価格が以下のように変動した場合の値上げ金額を計算します。

　材料費 + 10% : 330 → 363 円/kg
　スクラップ売却価格マイナス50%　: 5 → 2.5 円/kg
　スクラップ売却価格 = 0.2 × 2.5 = 0.5 円
　刃物代 + 20% : 10,000 → 12,000 円/個

$$製品1個の刃物代 = \frac{刃物代}{加工できる数}$$

$$= \frac{12,000}{1,000} = 12 円$$

その結果、原価は、

$$製造原価 = 材料費 - スクラップ売却価格 + 外注費 + 刃物代 + 製造費用$$
$$= 363 - 0.5 + 50 + 12 + 346 = 771 円（＋36 円）$$

値上げ金額は36円でした。

（4）値上げと値下げの対応

　原価に占める材料費が高く、材料価格の変動が大きい製品は、材料価格が上昇すれば早急な値上げ交渉が必要です。そこで問題なのは交渉を開始してから発注価格に反映されるまでに時間がかかることです。その間は赤字でつくらなければならないかもしれません。その間も材料価格が上昇すれば、さらに赤字が拡大します。

　その場合は、値上げ申請から価格に反映されるまでの間にどれだけの赤字が発生するか金額を計算し、取引先に早く価格を変えるようにお願いします。

　またどのくらいの頻度で値上げをお願いするかも問題です。価格の変動が激しい材料は、頻繁に値上げしないと赤字の期間が長くなってしまいます。一方、値上げが頻繁にあれば、取引先は発注価格改定の事務作業が増えます。

　これについては、あらかじめ取引先と決めておくことをお薦めします。特にスクラップ売却価格も原価に入れる場合、スクラップの売却価格は市況の影響を受けやすく、変動が大きいことも考慮します。材料価格の変動が大きい場合、材料は支給（有償、または無償）にした方がお互いに手間がかからないかもしれません。

ポイント 14 値上げ（値下げ）交渉の頻度は取引先とあらかじめ決めておくとよい

　逆に材料価格が下がった、あるいはスクラップ価格が上がった場合はどうでしょうか。これは一概には言えませんが、こちらから価格引き下げを申し出る考え方もあります。材料やスクラップの価格は、調べればわかります。黙っていたことがわかれば信頼関係が悪化するからです。そこで「材料価格（あるいはスクラップ価格）が○％変動（プラスもマイナスも）した場合は申請する」と事前に決めておけば、お互い信頼できます。大手メーカーには材料価格は相場に連動して毎月改訂するところもあります。これはその方が取引先にとっても原価の透明性が高くなるからです。

8 人件費の上昇と値上げ

　デフレが長く続いた日本では、人件費は変わらないと思われてきました。しかし実際は、最低賃金は上がっています。**図8-1**は2014年から2023年の10年間の最低賃金（全国加重平均）の推移を示したものです。最低賃金は780円から1,004円、28.7％も上昇しています。

図8-1 ▶ 10年間の最低賃金の推移

　加えて物価の上昇や人材確保のため、多くの企業は賃金を引き上げています。これは今後も続くと見られています。つまりこれから人件費は年々上昇するでしょう。
　では、人件費が上がると原価はどのくらい上がるのでしょうか。
　人件費が上がることで、3つの費用が上昇します。
- 直接作業者の人件費
- 間接部門の人件費
- 販管費

第 1 章 ● まずは原価と値上げの疑問に答えます

ポイント
15
人件費が上がることで、3つの費用（直接作業者と間接部門の人件費と販管費）が上昇する

（1）直接作業者の人件費の上昇

まず、製品を実際に製造する直接作業者の費用が上昇します。

例えば、A社で人件費が5％上昇した場合、NC旋盤の現場の人件費は、

上昇前の作業者4人の年間費用：1,672万円

上昇後の作業者の年間費用 = 1,672 ×（1 + 0.05）= 1,756万円（+84万円）

NC旋盤の人の年間費用は4人で84万円増加しました。これにより平均アワーレート（人）は、

$$\text{平均アワーレート（人）} = \frac{1,756 \times 10^4}{2,200 \times 0.8 \times 4}$$
$$= 2,494 ≒ 2,490 \text{円/時間}$$

平均アワーレート（人）：2,380 → 2,490円/時間（+110円/時間）

110円/時間上昇しました。

（2）間接部門の人件費、販管費の増加

間接部門の人件費も上昇します。NC旋盤の間接製造費用の分配は544万円でした。人件費が5％上昇したため、間接製造費用の分配は544万円から560万円に増加しました。アワーレート間（人）は、

$$アワーレート間（人）= \frac{直接作業者人件費合計 ＋ 間接製造費用分配}{直接作業者の稼働時間合計}$$

$$= \frac{(1{,}756 ＋ \boxed{560}) \times 10^4}{2{,}200 \times 0.8 \times 4}$$

$$= 3{,}290 \, 円/時間$$

アワーレート間（人）：3,150 → 3,290 円/時間（＋140 円/時間）

140 円/時間増加しました。

アワーレート間（設備）にも間接製造費用の分配が含まれています。そのため、間接製造費用が増加すればアワーレート間（設備）も上昇します。NC 旋盤の設備の間接製造費用の分配も、人と同様に544万円から560万円に増加しました。これによりアワーレート間（設備）は、

アワーレート間（設備）

$$= \frac{(実際の償却費 ＋ ランニングコスト) 合計 ＋ 間接製造費用分配}{(年間操業時間 \times 稼働時間) 合計}$$

$$= \frac{((100 ＋ 23.2) \times 4 ＋ \boxed{560}) \times 10^4}{2{,}200 \times 0.8 \times 4}$$

$$= 1{,}495 ≒ 1{,}500 \, 円/時間$$

アワーレート間（設備）：1,470 → 1,500 円/時間（30 円/時間）

40 円/時間増加しました。これを**図8-2**に示します。

42

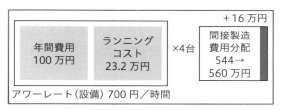

図8-2 ▶ 人件費の上昇によるアワーレートの増加の例

　さらに販管費の人件費も上昇します。これにより販管費レートが変わります。A社の場合、販管費の人件費も上昇したため、販管費合計は7,700万円から7,785万円に増加しました。

　一方、人件費が上昇したことで、製造原価が3億960円から3億1,540万円に上昇しました。その結果、販管費レートは逆に25％から24.7％に減少しました。

$$販管費レート = \frac{7,785}{31,540} = 0.247 = 24.7\%$$

これにより原価はどう変わるでしょうか？

（3）具体的な値上げ金額

　A社、A1製品の原価を計算します。

製造時間：0.075時間

アワーレート間（人）：3,290 円/時間

アワーレート間（設備）：1,500 円/時間

アワーレート間（人 + 設備）
  = アワーレート間（人）+ アワーレート間（設備）
  = 3,290 + 1,500 = 4,790 円/時間

製造費用 = アワーレート間（人 + 設備）× 製造時間
     = 4,790 × 0.075 = 359 円

製造費用：346 → 359 円（+13 円）

13 円上昇しました。

製造原価 = 材料費 + 外注費 + 製造費用
     = 330 + 50 + 359 = 739 円

製造原価も同様に 13 円増加しました。これを**図8-3**に示します。

製造原価 726→739 円（+13 円）

図8-3 ▶ 人件費の上昇によるA1製品の製造原価

一方、販管費レートは25％から24.7％に減少しました。ただし製造原価が13円上昇したため、

製造原価：739 円

販管費 ＝ 製造原価 × 販管費レート

$= 739 \times 0.247 = 182.5 \fallingdotseq 182$ 円

182 円と同じでした。販管費込み原価は、

販管費込み原価 ＝ 製造原価 ＋ 販管費

$= 739 + 182 = 921$ 円

13 円増加しました。目標利益は、

目標利益 ＝ 販管費込み原価 × 販管費込み原価利益率

$= 921 \times 0.087 = 80$ 円

同じでした。見積金額は、

見積金額 ＝ 販管費込み原価 ＋ 目標利益

$= 921 + 80 = 1{,}001$ 円

見積金額：988 → 1,001 円（＋13 円）

13 円増加しました。これを**図8-4**に示します。

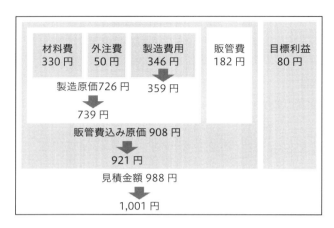

図8-4 ▶ 人件費の上昇による見積金額の上昇

　つまり人件費が5％上昇したことで、3年前に988円だった製品は、現在は13円値上げする必要があります。
　では、人件費以外に電気代が上がった場合、原価はどうなるのでしょうか。これについては次節で説明します。

9 電気代の上昇と値上げ

　日本の発電におけるエネルギーの割合は、石炭29.7％、LNG（液化天然ガス）30.0％、石油2.9％、その他火力7.7％、原子力5.3％、水力7.7％、太陽光10.6％、風力0.9％です。そのため電気代は天然ガスの価格に大きく影響されます。

　2000年から2022年の間の天然ガスの価格の推移を**図9-1**に示します。天然ガスの価格は大きく上昇しています。

日本が購入する天然ガスの価格の推移

（単位：USドル／100万BTU 出典：World Bank - Commodity Markets）

図9-1 ▶ 天然ガスの価格の推移

　これにより電気代も上昇しています。電気代（kWh単価）は、2020年から3年間で2.1倍になりました。

図9-2 ▶ 電気代の推移

この電気代の上昇により原価はどれだけ上昇したでしょうか？

（1）設備の費用の増加

電気代が上昇すると以下の費用が増加します。

- アワーレート（設備）の計算に電気代が含まれている場合、アワーレート（設備）の電気代が増加
- 工場全体の電気代が増えるため、アワーレート（設備）に含まれる間接製造費用が増加

電気代が上昇するとアワーレート（設備）の電気代と間接製造費用が増加する

例としてA社　NC旋盤の現場のアワーレートと、A1製品の原価を計算します。

NC旋盤1台の年間電気代：23.2万円

電気代が20％増加した場合

増加後のNC旋盤1台の電気代 ＝ 23.2 × （1 ＋ 0.2） ＝ 27.8円

平均アワーレート（設備）

$$= \frac{（実際の償却費 ＋ ランニングコスト）合計}{（年間操業時間 × 稼働率）合計}$$

$$= \frac{（100 ＋ \boxed{27.8}）× 4 × 10^4}{2,200 × 0.8 × 4} = 726 円/時間$$

平均アワーレート（設備）：700 → 726円/時間（26円/時間）

平均アワーレート（設備）は26円/時間増加しました。

（2）間接製造費用の増加

電気代が上昇すれば共用部分の電気代も上昇します。A社の年間の電気代は1,300万円でした。この1,300万円からNC旋盤などアワーレート（設備）の計算に使用した電気代を除いた共用部分の電気代は756万円でした。

この共用部分の電気代も20％増加します。そのためNC旋盤の現場の間接製造費用の分配は544万円 → 559万円と15万円増加しました。

間接製造費用を含んだアワーレート間（設備）は、

アワーレート間（設備）

$$= \frac{設備の年間費用合計 ＋ 間接製造費用分配}{（年間操業時間 × 稼働率）合計}$$

$$= \frac{（（100 ＋ 27.8）× 4 ＋ \boxed{559}）× 10^4}{2,200 × 0.8 × 4} = 1,520 円/時間$$

アワーレート間（設備）：1,470 → 1,520 円／時間（＋50 円／時間）

アワーレート間（設備）は50円/時間増加しました。これを**図9-3**に示します。

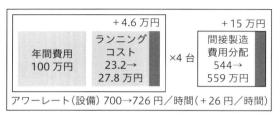

アワーレート間(設備) 1,470→1,520 円／時間（＋50 円／時間）

図9-3 ▶ 電気代上昇によるアワーレート間（設備）の増加

加えて共用部分の電気代が上昇すればアワーレート間（人）も上昇します。NC旋盤の人の現場の間接製造費用の分配も、設備と同じく559万円で15万円増加しました。その結果、アワーレート間（人）は、

$$\text{アワーレート間（人）} = \frac{\text{各作業者の年間費用合計 ＋ 間接製造費用分配}}{\text{（年間操業時間 × 稼働率）合計}}$$

$$= \frac{(1{,}672 + \boxed{559}) \times 10^4}{2{,}200 \times 0.8 \times 4} = 3{,}169 ≒ 3{,}170 \text{ 円／時間}$$

アワーレート間（人）：3,150 → 3,170 円／時間（＋20 円／時間）

アワーレート間（人）は、20円／時間増加しました。これを**図9-4**に示します。

アワーレート間（人）3,150→3,170 円／時間（＋20 円／時間）

図9-4 ▶ 電気代上昇によるアワーレートの増加

（3）具体的な値上金額

このアワーレートの上昇によりA1製品の原価はどれだけ上がるのでしょうか？

製造時間：0.075 時間
アワーレート間（人）：3,170 円／時間
アワーレート間（設備）：1,520 円／時間

NC旋盤の現場は人が設備を常時操作するため、アワーレートは人と設備の合計です。

アワーレート間（人 ＋ 設備）
　＝ アワーレート間（人）＋ アワーレート間（設備）
　＝ 3,170 ＋ 1,520 ＝ 4,690 円／時間

製造費用 ＝ アワーレート間（人 ＋ 設備）× 製造時間
　　　　＝ 4,690 × 0.075 ＝ 352 円／時間
製造原価 ＝ 材料費 ＋ 外注費 ＋ 製造費用
　　　　＝ 330 ＋ 50 ＋ 352 ＝ 732 円／時間
製造原価：726 → 732 円（＋6 円）

電気代が20％上昇したことで原価は6円増加しました。

販管費レート：0.25
販管費は、

販管費 ＝ 製造原価 × 販管費レート
　　　 ＝ 732 × 0.25 ＝ 183 円（＋1 円）

販管費は183円と1円増加しました。販管費込み原価は、

販管費込み原価 ＝ 製造原価 ＋ 販管費
　　　　　　　 ＝ 732 ＋ 183 ＝ 915 円（＋7 円）

7 円増加し、目標利益は、

目標利益 ＝ 販管費込み原価×販管費込み原価利益率
　　　　 ＝ 915 × 0.087 ＝ 80 円

同じでした。見積金額は、

見積金額 ＝ 販管費込み原価 ＋ 目標利益
　　　　 ＝ 915 ＋ 80 ＝ 995 円

見積金額：988 → 995 円（＋7 円）

7 円増加しました。
　電気代が上昇した結果、A1製品を新たに見積もりする場合、見積金額は995 円です。
　ただし値上げ交渉の場合、原価の上昇は認めても、販管費や利益まで増

えるのは取引先も認めない可能性があります。そこで値上げ交渉の場合、値上げ金額は原価が増加した分6円とします。これを**図9-5**に示します。

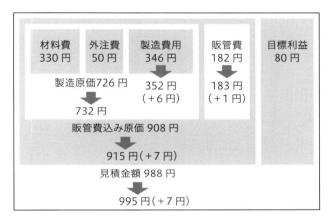

図9-5 ▶ 電気代の上昇による見積金額の増加

　6円の増加は見積金額988円に比べれば大きくありません。取引先から「6円ぐらい企業努力で何とかしてくれませんか」と言われるかもしれません。

　しかし電気代が20％上昇したことで、会社の経費が年間260万円増加しています。6円値上げできなければ、年間では260万円の利益がなくなるのです。6円の値上げは、実際に電気代が上昇したことによる金額で利益は含まれていないことを伝えて、6円だけは値上げを認めてもらうようにします。

10 消耗品が高くなれば いくら値上げが必要だろうか？

　原材料、光熱費、人件費以外にも様々な費用が上がっています。中には値上げ金額が無視できないものもあります。これらは原価にどのように影響するのでしょうか？

（1）原材料、光熱費、人件費以外の費用

　一般的に工場で発生する費用を**図10-1**に示します。

図10-1 ▶ 工場で発生する費用の例

　原材料、労務費、電気代の値上げについては、7～9節で説明しました。それ以外に、消耗品などが高くなっていることもあります。
　消耗品には以下の3種類があります。
- 材料費：例えば、ボルト、結束バンド、塗料など、製品に組み込むもの
- 消耗工具：切削工具など製造により消耗するもの
- 工場の消耗品：オイル、ウエスなど

　ボルト、結束バンドなどは製品に組み込まれるため、実は材料費です。しかし使用量が少なく、どの製品にどのくらい使われたのかわからなければ、消耗品として計上されます。
　消耗品の中で、機械加工工場では大量の工具（バイトやエンドミル）を使用します。そのため消耗工具は大きな金額です。バイトやエンドミルにはタングステンなどレアメタルを使用するものも多くあります。そのため

タングステンの価格が上昇した際は価格が大きく上昇しました。

ポイント 17　消耗品の中でも材料費、工具費など、金額が無視できないものもある

　機械加工工場の消耗工具費は、金額は高いのですが、どの製品にどのくらい発生したのかはわかりません。そこで間接製造費用として各現場に分配してアワーレート間を計算します。特定の製品で多額の消耗工具費が発生する場合は、その製品固有の費用として計算します。
　この消耗品費は、間接製造費用に占める割合が計算できます。この割合から、消耗品費がいくら上昇すれば、アワーレート間がどれだけ上昇するのかが計算できます。

（2）具体的な値上げ金額の計算

　消耗品費の値上げによって原価がいくら増えるのか具体的に計算します。
　A社の先期の消耗品費は400万円、これは製造経費の15％でした。
　消耗品費が今期10％上昇しました。その結果、NC旋盤の間接製造費用の分配は544万円から548万円に上昇しました。

　アワーレート間は、

アワーレート間（人）

$$= \frac{各作業者の年間費用合計 + 間接製造費用分配}{（年間操業時間 \times 稼働率）合計}$$

$$= \frac{(1,672 + \boxed{548}) \times 10^4}{2,200 \times 0.8 \times 4} = 3,153/時間（+5円/時間）$$

　ここで値上げ前のアワーレート間（人）は、3,148 ≒ 3,150円/時間のため、値上げによるアワーレート間（人）の上昇は、3,153 − 3,148 = 5円/

時間としました。

アワーレート間（設備）

$$= \frac{設備の年間費用合計 + 間接製造費用分配}{（年間操業時間 \times 稼働率）合計}$$

$$= \frac{((100 + 23.2) \times 4 + \boxed{548}) \times 10^4}{2,200 \times 0.8 \times 4} = 1,478 円/時間（+5円/時間）$$

ここで値上げ前のアワーレート間（設備）は、1,473 ≒ 1,470円/時間のため、値上げによるアワーレート間（設備）の上昇は、1,478 − 1,473 = 5円/時間としました。

全体の消耗品費が10％上昇したことで、アワーレート間（人）、アワーレート間（設備）がそれぞれ5円/時間増加しました。これを**図10-2**に示します。

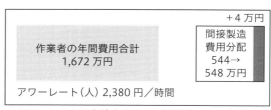

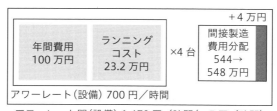

図10-2 ▶ 消耗品価格の上昇によるアワーレートの上昇

ここで、A1製品の原価の上昇を計算します。

これまでの計算結果と比較するため、アワーレート間（人）、アワーレート間（設備）は増加分5円／時間を加えました。

製造時間：0.075時間
アワーレート間（人 + 設備）
　　＝ アワーレート間（人）+ アワーレート間（設備）
　　＝（3,150 + 5）+（1,470 + 5）= 4,630円／時間

製造費用 = アワーレート間（人 + 設備）× 製造時間
　　　　　= 4,630 × 0.075 = 347円／時間（+1円）
製造原価 = 材料費 + 外注費 + 製造費用
　　　　　= 330 + 50 + 347 = 727円／時間（+1円）

製造原価：726 → 727円／時間（+1円）

消耗品費が10％増加したことで、A1製品の原価は1円上昇しました。1円はわずかな金額ですが、この1円を値上げしなければ、年間では400万円の10％、40万円の利益が失われます。

この計算方法は消耗品費以外にも修繕費、保険料など他の経費にも適用できます。

（3）人件費、電気代、消耗品費も含めた値上げ金額

人件費、電気代、消耗品費が上昇した場合、値上げ金額の合計を計算します。

A社の決算書の製造経費は、
電気代：1,300万円
消耗品費：400万円

修繕費：300万円

でした。この比率から、NC旋盤の現場のアワーレート間（人）、アワーレート間（設備）に占める電気代、消耗品費、修繕費の比率が計算できます。

　A社のNC旋盤の現場のアワーレート間（人＋設備）に占める電気代、消耗品費、修繕費の比率を**図10-4**に示します。

図10-4 ▶ A社のNC旋盤のアワーレート間（人＋設備）に占める費用の比率

この比率から計算したA1製品の製造費用の内訳を**図10-5**に示します。

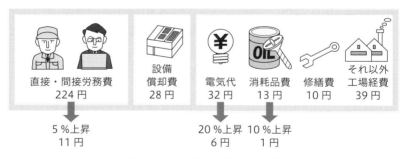

図10-5 ▶ A1製品の費用の内訳

　製造費用346円の内訳を**表10-1**に示します。

第 1 章 ● まずは原価と値上げの疑問に答えます

表10-1 ▶ 製造費用上昇の内訳

項目	金額（円）	上昇（%）	値上げ金額（円）
人件費	224	5	11[注]
設備償却費	28		
電気代	32	20	6
消耗品費	13	10	1
修繕費	10	0	0
その他	39	0	0
合計	346		18

　値上げ金額は18円でした。この計算は決算書の数値を元に計算したものであり、ある意味「真実」と言えます。そこでこれを元に値上資料を作成します。値上げ資料のつくり方は第1章13節（P.73〜）を参照願います。

注 　表10-1で人件費による値上げ金額が11円と8節の結果（P.46）と異なるのは、アワーレートの数値を丸めた影響によるものです。

11 高価な設備は原価がどれだけ上がるのだろうか？

設備は年々進歩し使いやすくなっています。その反面価格も高くなっています。さらに材料費や人件費、エネルギー費の上昇により今後は設備も値上げされると思われます。

この設備の値上げは、原価にどのように影響するのでしょうか？

高価な設備はアワーレート（設備）が上昇する

設備が高くなれば、設備の年間費用が増加します。そしてアワーレート（設備）が上昇します。

例えばA社のNC旋盤は、以前は1,500万円で購入しました。しかし最近値上げされて1,800万円になりました。アワーレート（設備）の計算に使用する「実際の償却費」は次の更新を考えた費用です。従って設備が高くなれば実際の償却費も上がります。

その場合、アワーレート（設備）はどれだけ上がるのでしょうか。

購入価格　　　　　：1,500万円 → 1,800万円
ランニングコスト：23.2万円
年間操業時間　　：2,200時間
稼働率　　　　　　：0.8
実際の耐用年数　：15年

$$\text{実際の償却費} = \frac{\text{購入金額}}{\text{実際の耐用年数}}$$

$$= \frac{1,800}{15} = 120 \text{万円}$$

アワーレート間（設備）

$$= \frac{（実際の償却費 + ランニングコスト）合計 + 間接製造費用分配}{（年間操業時間 \times 稼働率）合計}$$

$$= \frac{((120 + 23.2) \times 4 + 544) \times 10^4}{2,200 \times 0.8 \times 4} = 1,586 ≒ 1,590 円／時間$$

アワーレート間（設備）：1,470 → 1,590 円／時間（+120 円／時間）
120 円／時間増加しました（**図11-1**）。

図11-1 ▶ 設備の価格とアワーレート（設備）、製造費用の違い

これによってA1製品の原価はどれだけ変わるでしょうか。

製造時間：0.075 時間

アワーレート間（人）：3,150 円／時間

アワーレート間（設備）：1,590 円／時間

アワーレート間（人 + 設備）= 3,150 + 1,590 = 4,740 円／時間

製造費用 ＝ アワーレート間（人 ＋ 設備）× 製造時間
　　　　 ＝ 4,740 × 0.075 ＝ 356 円

製造原価 ＝ 材料費 ＋ 外注費 ＋ 製造費用
　　　　 ＝ 330 ＋ 50 ＋ 356 ＝ 736 円／時間（＋10 円）

原価は10円増加しました。実際の償却費は、将来の設備の更新の原資です。今の設備は1,500万円で購入できても、更新の際に1,800万円かかれば、実際の償却費は1,800万円から計算します。

もし設備の価格が高くなっても、性能も良くなってその分加工時間が短くなれば、原価は変わりません。あるいは高くなった分、耐用年数が長くなれば、原価は変わりません。

それ以外の性能が向上しても原価は高くなります。最新の設備は様々な便利な機能があります。しかしその機能が「より短い時間で製造する」ものでなければ原価は上がります。

ただし「より高い精度で加工する」など、今よりも高い付加価値を生むのであれば、高い設備の価値はあります。その場合、精度が高く付加価値が高いのだから、今よりも高く受注する必要があります。

付加価値の低い加工は安価な設備を使用する

中国の部品メーカーには、付加価値の低い粗加工は安価な中国製の設備を使用し、付加価値の高い精度が必要な仕上加工は高価な日本製の設備を使用する会社があります。

図11-2に示すように、粗加工、仕上加工の2工程あった場合、粗加工を価格が1/2の中国製の設備で行えば、粗加工の製造費用は21円低くなります。

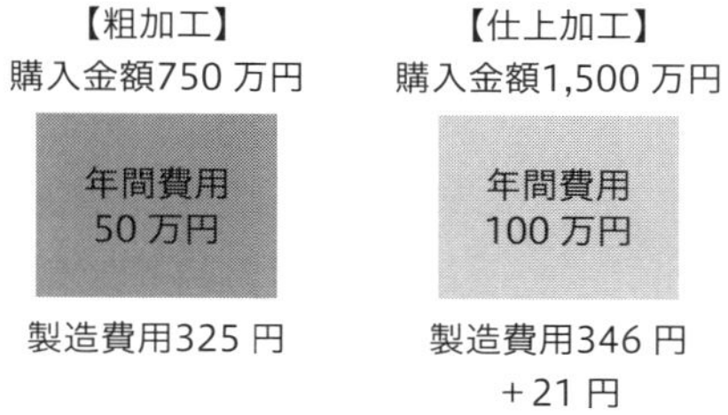

【粗加工】	【仕上加工】
購入金額750万円	購入金額1,500万円
年間費用 50万円	年間費用 100万円
製造費用325円	製造費用346円 +21円

図11-2 ▶ 粗加工で中国節の設備を使用した場合

このように、設備の価格は原価に影響します。そこで新品でなく、中古を使用すればどうでしょうか。

ポイント20 中古を使えばアワーレート（設備）は下がるとは限らない！

　程度の良い中古の設備が手に入り、長く使うことができればアワーレート（設備）は下がります。しかし安くても程度が悪く長く使えなければコストは変わりません。設備の寿命末期は故障が増えるため、稼働時間が減少してむしろコストが上がります。

　例えば、5年落ちの中古のNC旋盤を800万円で購入しました。このNC旋盤は程度が良く、あと10年は使えます。

$$実際の償却費 = \frac{800}{10} = 80万円$$

　この場合、実際の償却費は80万円でした。ここでランニングコスト、年間操業時間等はこれまで変わらないとします。

ランニングコスト：23.2万円
年間操業時間　　：2,200時間
稼働率　　　　　：0.8

実際に使ってみると毎年何らかの故障が発生し、修理費が20万円／年かかりました。その結果、アワーレート間（設備）は、

$$アワーレート間（設備）= \frac{((80 + 23.2 + 20) \times 4 + 544) \times 10^4}{2,200 \times 0.8 \times 4}$$

$$= 1,473 ≒ 1,470 円／時間$$

この場合、アワーレートは新品を購入した場合と同じでした。

手動旋盤やクランクプレスなど機械的な部分が多い設備は、大きな故障が少なく、修理も簡単なため、長く使えます。しかし最近は多くの設備が電子制御化、コンピュータ制御化されています。これらの電子部品は時間の経過とともに故障が増えます。故障すればユニットごと交換になるため、高額な修理費が発生します。年間費用は上昇し稼働率も下がるため、アワーレートは高くなります。

ポイント 21 高い設備でも空いていれば使用する

ただし高価な設備でも、導入した後はフルに動かします。アワーレート（設備）を計算する際の償却費は、購入時に払ってしまったお金です。購入した後はもうお金は出ていきません。

しかし高い設備はアワーレート（設備）が高いため、原価は高くなります。高い設備で加工すれば計算上は原価が上がり赤字になるかもしれません。ただし赤字だからといって新たにお金が出ていくわけではありません。

従って、高い設備は遊ばせずに空いていれば、少しでも動かしてお金を稼いだ方が会社の利益は増えます。しかし、古い設備はフル稼働しているのに、最新の設備が止まっている現場は意外とあるのです。

12 間接費用の増加で原価はどれだけ変わるのだろうか？

本書で説明したアワーレートの計算方法によれば、間接部門の人件費や共用部分の経費など、工場で発生する費用はすべてアワーレートに組み込まれます。

従って、間接部門を増員して間接部門の費用が増えても原価は増えます。最近は顧客から高度な品質管理や製造履歴管理（トレーサビリティ）を求められることもあります。現在の人員でこなせなければ増員が必要です。では間接部門を増員すれば原価はどれだけ上がるのでしょうか。

（1）間接部門の増員

A社は顧客の要求する品質管理を行うため、品質管理を2名増員しました。これにより品質管理の人件費が880万円増加しました。その結果、NC旋盤の間接製造費用の分配は544万円から636万円、92万円増加しました。

$$\text{アワーレート間（人）} = \frac{\text{直接作業者人件費合計 + 間接製造費用分配}}{\text{直接作業者の稼働時間合計}}$$

$$= \frac{(1,672 + 636) \times 10^4}{2,200 \times 0.8 \times 4} = 3,278 \risingdotseq 3,280 \text{ 円／時間}$$

アワーレート間（人）3,150→3,280円／時間（+130円／時間）

図12-1 ▶ アワーレート間（人）の増加

アワーレート間（人）：3,150 → 3,280 円/時間（＋130 円/時間）

アワーレート間（人）は130 円/時間上昇しました。

間接製造費用分配の増加は、アワーレート間（設備）にも影響します。NC旋盤の設備の間接製造費用分配も544万円から636万円と92万円増加しました。

アワーレート間（設備）

$$= \frac{（実際の償却費 + ランニングコスト）合計 + 間接製造費用分配}{（年間操業時間 × 稼働率）合計}$$

$$= \frac{((100 + 23.2) × 4 + 636) × 10^4}{2,200 × 0.8 × 4} = 1,603 ≒ 1,600 円/時間$$

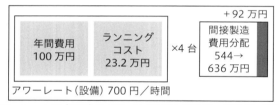

アワーレート間（設備）1,470→1,600 円/時間（＋130 円/時間）

図12-2 ▶ アワーレート間（設備）の増加

アワーレート間（設備）：1,470 → 1,600 円/時間（＋130 円/時間）

アワーレート間（設備）も130 円/時間上昇しました。

これによりA1製品の原価は、

アワーレート間（人 + 設備）
　= アワーレート間（人）+ アワーレート間（設備）
　= 3,280 + 1,600 = 4,880 円/時間

製造時間：0.075 時間

製造費用 ＝ アワーレート間（人 ＋ 設備）× 製造時間

　　　　＝ 4,880 × 0.075 ＝ 366 円（＋20 円）

製造原価 ＝ 材料費 ＋ 外注費 ＋ 製造費用

　　　　＝ 330 ＋ 50 ＋ 366 ＝ 746 円（＋20 円）

製造原価：726 → 746 円／時間（＋20 円）

　間接部門2名増員により製造原価は20円増加しました。

　間接部門の人員以外でも、間接部門や共用部分の設備が増えても原価は上がります。では、間接部門の設備が増えれば原価はいくら増えるのでしょうか。

（2）間接部門の設備の増加

　A社は顧客の要望で、より精密な評価・分析を行うために、2,000万円の分析器を導入しました。この評価・分析の費用は見積にはないため、分析器はお金を生まない設備です。

　この評価・分析は今後も継続して行うため、耐用年数10年が過ぎれば更新します。そのため実際の償却費200万円／年の費用が増えます。

　その結果、NC旋盤の間接製造費用分配は、565万円と21万円増加しました。

アワーレート間（人）

$$= \frac{直接作業者人件費合計 ＋ 間接製造費用分配}{直接作業者の稼働時間合計}$$

$$= \frac{(1{,}672 ＋ \boxed{565}) × 10^4}{2{,}200 × 0.8 × 4} = 3{,}178 ≒ 3{,}180 円／時間$$

アワーレート間（人）3,150→3,180 円／時間（＋30 円／時間）

図12-4 ▶ アワーレート間（人）の増加

　アワーレート間（人）は、3,150 円／時間が 3,180 円／時間と 30 円／時間上昇しました。

　間接製造費用分配の増加は、アワーレート間（設備）にも影響します。NC旋盤の設備の間接製造費用分配も 544 万円から 565 万円と 21 万円増加しました。

アワーレート間（設備）

$$= \frac{(実際の償却費 + ランニングコスト)合計 + 間接製造費用分配}{(年間操業時間 \times 稼働率)合計}$$

$$= \frac{((100 + 23.2) \times 4 + \boxed{565}) \times 10^4}{2,200 \times 0.8 \times 4} = 1,503 ≒ 1,500 円／時間$$

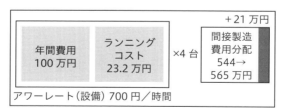

アワーレート間（設備）1,470→1,500 円／時間（＋30 円／時間）

図12-5 ▶ アワーレート間（設備）の増加

アワーレート間（設備）：1,470 → 1,500 円/時間（＋30 円/時間）

アワーレート間（設備）は、30 円/時間上昇しました。A1製品の原価は、

アワーレート間（人 ＋ 設備）
　＝ アワーレート間（人）＋ アワーレート間（設備）
　＝ 3,180 ＋ 1,500 ＝ 4,680 円/時間

製造時間：0.075 時間
製造費用 ＝ アワーレート間（人 ＋ 設備）× 製造時間
　　　　＝ 4,680 × 0.075 ＝ 351 円（＋5 円）
製造原価 ＝ 材料費 ＋ 外注費 ＋ 製造費用
　　　　＝ 330 ＋ 50 ＋ 351 ＝ 731 円（＋5 円）

製造原価：726 → 731 円/時間（＋5 円）

分析器の導入により製造原価は5円増加しました。このように間接部門の設備など、お金を稼がない設備を増やせば、原価は上がります。

ポイント22 「切粉出してナンボ！」製品を直接製造しない設備や増員は原価を上げ、高コストな工場になる

　工場でお金を稼いでいるのは、製品を直接製造する人や設備のみです。つまり「切粉出してナンボ」「ボルト締めてナンボ」なのです。
　製品を直接製造しない設備や間接部門の人が増えれば、費用は増えますが生産量は変わりません。そのため原価は高くなります。
　高度な品質管理やトレーサビリティ管理のように、様々な管理体制を取引先から要求されます。そのために増員すれば、高コストな工場になっていきます。

間接部門は「やった方がよい仕事」はたくさんあります。現場からも「これをやってほしい」という要望が出ます。しかしそれは本当にコストをかけてやらなければならない仕事でしょうか。

　取引先は仕入先に品質管理やトレーサビリティ管理を求めてもコストに影響しないと思っています。しかし、こういった仕事が増えれば、間接部門の増員という形で原価は上がっていくのです。

　ではどうすればよいのか、間接部門の省人化の方法について、次のコラム３を参照願います。

COLUMN • 3
間接部門の省人化

　肥大化した間接部門をスリム化するにはどうすればよいでしょうか。

　効果的な方法は、実際に人を減らしてしまうことです。例えば4人の部署を3人にします。しかし3人では今の業務はこなせません。

　そこで今の業務をすべて洗い出します。そして

・コストをかけてでもやるべき仕事
・やめてしまっても問題ない仕事

に分けます。「やったほうがよい」という理由でいつの間にか増えてしまった仕事も意外とあります。あるいは前任者が気を利かせてやっていたことが、いつの間にか「やるべき仕事」として引き継がれていることもあります。

　業務を洗い出したら、「やめてしまっても問題ない仕事」はやめます。例えばその結果、下図のように0.5人分の仕事がなくなったとします。そこで残った3.5人分の仕事を3人でできるように改善・工夫します。ただし当面は0.5人分は不足します。それは他部署から期間限定で応援してもらいます。

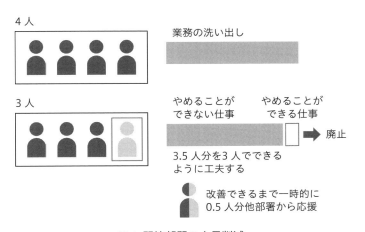

図 ▶ 間接部門の人員削減

この強制的に人を抜く方法は、製造現場の改善手法ですが間接部門にも応用できます。特に事務作業は1人ひとりの業務が見えないため、この方法でいったん業務を洗い出すのはとても効果があります。

　ある会社は、生産の繁忙期に生産応援として間接部門の何割かを現場に派遣しました。それでも間接部門の仕事は回っていました。つまり「やめてしまっても問題ない仕事」は結構あったのです。

　ただしこのやり方は間接部門にとって、負担が増加し混乱が起きるやり方です。間接部門の人からは反発も起きます。そのため、経営者がトップダウンで進める必要があります。特に売上が減少している会社は、直接製造部門に対して間接部門の割合が高くなっています。今後も売上が低い状態が続くのであれば、間接部門を縮小しなければ、工場はどんどん高コストになってしまいます。場合によっては、現場改善よりもこちらの方が優先しなければならないこともあるのです。

13 値上げ金額の明細

　ここまで述べた方法で計算すれば値上げ金額が計算できます。一方取引先は値上げ金額だけでなく、詳細な資料も要求します。なぜこのような資料が必要なのでしょうか。

(1) なぜ詳細な値上げ資料を求めるのか

　これには様々な理由があります。
- 値上げ金額が適正なことを担当者が確認するため
- 値上げを上司に説明するため
- 値上げを原価管理など関係部署に説明するため

　取引先が最も気にするのは、「値上げ金額に原価上昇以外の要因が入っていて便乗値上げになっていないか」です。

ポイント23　取引先が気にするのは便乗値上げ、そのため値上げ金額の判断材料（明細）が必要

　そのため、値上げ金額が適正かどうかを審査します。また、値上げを認めるためには、上司や関係部署の決済が必要です。そのため、上司や関係部署が判断できるような資料が必要です。

(2) 具体的な金額

　A社は先期に比べて様々な費用が上昇しました。A1製品の値上げ金額を計算したところ**表13-1**のようになりました。

表13-1 ▶ 値上げ率と値上げ金額

項目	値上げ率	値上げ金額（円）
材料費	10%	33
外注費	5%	2.5
人件費	5%	11
電気代	20%	6
消耗品費	10%	1
合計		53.5

　その結果、A1製品の製造原価は53.5円上昇しました。値上げ金額はこの53.5円です。この明細を見積書に記載し、値上げの依頼文と合わせて取引先に提出します。

（3）明細が必要な場合

　取引先によっては、工程ごとの段取時間、加工時間やアワーレートなど、明細を求める場合もあります。その場合の明細の例を**図13-1**に示します。

（4）計算の根拠の説明

　資料が詳しければ詳しいほど、取引先は根拠をいろいろと質問します。

　例えば、「人件費、電気代等が上昇した時、図13-1の値上げ金額はどうやって計算したのですか？」

　この場合、以下のように回答します。

　「原価計算の教科書では、間接部門の人件費、電気代、消耗品、賃借料などの間接費は、各部門の専有面積や人数に比例して配賦します。しかし弊社のような中小企業ではそのような緻密な計算はできないため、各部門の直接製造費用（または直接時間）に比例して間接費を一律に配賦しています。その結果、アワーレートに占める各費用は以下（**図13-2**）のようになっています。これは先期の決算書を元に計算したのでほぼ正しいと考えています。」

見積書の値上げ金額記載例

受注番号	品番	品名	個数	発注先	受注日	納期
101	A1	部品1	100	a社	10月13日	12月13日

材料費

管理番号	品名	型式	単価		単位	数量	金額	小計	
Z1001	鋼材	S45C	旧	300.0	円/kg	1	300.0	旧	300.0
			新	330.0 +10%		1	330.0	新	330.0

購入材料

管理番号	品名	型式	メーカー	単価		数量	金額	小計	
K1001	平行ピン	φ3×10		旧	10.0	2	20.0	旧	30.0
				新	11.0	2	22.0		
K1002	平行ピン	φ3×8		旧	10.0	1	10.0	新	33.0
				新	11.0	1	11.0		

加工費用

工程番号	工程名	アワーレート			段取時間	加工時間	製造費用	小計	
			段取	加工					
1	NC旋盤	旧	4,620	4,620	0.5	0.07	346.0	旧	346.0
		新	4,853	4,853	0.5	0.07	364.0	新	364.0
				内訳	電気代上昇(20%)		+6.0	内訳合計	+18.0
					消耗品費上昇(10%)		+1.0		
					人件費上昇(5%)		+11.0		

外注費用

工程番号	発注内容	発注先	備考	単価		数量	金額	小計	
2	焼入	G社		旧	30.0	1	30.0	旧	50.0
				新	31.5		31.5		
3	メッキ	M社		旧	20.0	1	20.0	新	52.5
				新	21.0		21.0		

販管費比率、利益率等

販管費比率	利益率	不良率
25.0%	8.7%	0.0%

製造原価、見積金額

	製造原価	販管費	不良損失	運賃	梱包費	償却費	総原価	利益	見積金額	
旧	726.0	182.0	0.0	0.0	0.0	0.0	908.0	80.0	旧	988.0
新	779.5	182.0	0.0	0.0	0.0	0.0	961.5	80.0	新	1041.5
									増加	53.5

図13-1 ▶ 値上げ金額の明細の例

図13-2 ▶ アワーレートにおける費用の比率

「以下（**図13-3**）の決算書の販管費、製造経費を元に比率を計算しています。」

製 造 原 価 報 告 書

Ⅰ材 料 費
　　期首材料棚卸高　　　　　3,000,000
　　材料仕入　　　　　　　105,000,000
　　　　材料費合計　　　　108,000,000
　　期末材料棚棚卸高　　　　3,000,000　　　105,000,000
Ⅱ労 務 費
　　賃金　　　　　　　　　102,200,000
　　法定福利費　　　　　　 12,824,000　　　115,024,000
Ⅲ外 注 費
　　外注加工費　　　　　　 30,000,000　　　 30,000,000
Ⅳ製 造 経 費
　　電気代　　　　　　　　 13,000,000
　　水道光熱費　　　　　　　1,000,000
　　修繕費　　　　　　　　　3,000,000　　 費用の内訳

　　保守料　　　　　　　　　2,000,000
　　雑費　　　　　　　　　　3,000,000
　　減価償却費　　　　　　 20,000,000　　　 59,625,583

Ⅴ製 造 原 価
　　期首仕掛品棚卸高　　　　2,000,000
　　当期製造費用　　　　　309,649,583
　　期末仕掛品棚卸高　　　　2,000,000　　　309,649,583

図13-3 ▶ 決算書（製造経費）の費用構成

（4）販管費、利益が認められない場合

　ここまで説明した値上げ金額は、先期の決算書から計算したもので、真実です。しかし取引先の中には、「見積書の販管費○％、利益○％」と決めていて、それ以上の販管費、利益を認めないことがあります。〔なぜそう考えるのかは第3章24節（P.139～）を参照願います。〕

　その場合、見積金額は変えられないため、取引先が認める販管費や利益にした上で、それに合うように製造原価を修正しなければなりません。

　取引先が認める販管費、利益にした場合のA1製品の見積を**図13-4**に示します。

第1章 ● まずは原価と値上げの疑問に答えます

見積書の値上げ金額記載例

受注番号	品番	品名	個数	発注先	受注日	納期
101	A1	部品1	100	a社	10月13日	12月13日

材料費

管理番号	品名	型式		単価		単位	数量	金額	小計	
Z1001	鋼材	S45C	旧	300.0		円/kg	1	300.0	旧	300.0
			新	330.0	+10%		1	330.0	新	330.0

購入材料

管理番号	品名	型式	メーカー		単価	数量	金額	小計	
K1001	平行ピン	φ3×10		旧	10.0	2	20.0	旧	30.0
				新	11.0	2	22.0		
K1002	平行ピン	φ3×8		旧	10.0	1	10.0	新	33.0
				新	11.0	1	11.0		

加工費用

工程番号	工程名	アワーレート			段取時間	加工時間	製造費用	小計	
			段取	加工					
1	NC旋盤	旧	6,886	6,886	0.5	0.07	516.5	旧	516.5
		新	7,126	7,126	0.5	0.07	534.5	新	534.5
			内訳	電気代上昇（30%）		+6.0	内訳合計	+18.0	
				消耗品費上昇（15%）		+1.0			
				人件費上昇（8%）		+11.0			

外注費用

工程番号	発注内容	発注先	備考		単価	数量	金額	小計	
2	焼入	G社		旧	30.0	1	30.0	旧	50.0
				新	31.5		31.5		
3	メッキ	M社		旧	20.0	1	20.0	新	52.5
				新	21.0		21.0		

販管費比率、利益率等

販管費比率	利益率	不良率
7.0%	3.0%	0.0%

製造原価、見積金額

	製造原価	販管費	不良損失	運賃	梱包費	償却費	総原価	利益		見積金額
旧	896.5	62.8	0.0	0.0	0.0	0.0	959.2	28.8	旧	988.0
新	950.0	62.8	0.0	0.0	0.0	0.0	1012.7	28.8	新	1041.5
									増加	53.5

図13-4 ▶ 取引先が認める販管費、利益にした見積

　見積金額は、図13-1と同じですが、取引先の指示は利益率3％、販管費7％でした。そのため図13-4は、その分だけ製造費用が大きくなっています。

（5）公正取引委員会の資料の活用

　2023年11月には公正取引委員会より「労務費の適切な転嫁のための価

77

格交渉に関する指針」の別添として**図13-5**の様式が公表されました。この様式に従って値上げ資料の提出を求める取引先もあります。

この様式は本書の値上げ計算とは考え方が違うため、そのまま数字を入れるのは難しいのが難点です。

では、この見積金額は適正なのでしょうか。この適正価格については次節で説明します。

労務費の適切な転嫁のための価格交渉に関する指針（令和５年１１月２９日内閣官房・公正取引委員会）別添

価格交渉の申込み様式（例）

御見積書

○年○月○日

（発注者）　御中

（受注者）

下記のとおり、御見積もり申し上げます。

見積日　年　月　日
有効期限　年　月　日

商品名（例：業務名、品番、件名）

合計金額　円

内訳

1　原材料価格（素材費、部品購入費等）

（例）

	単価	数量	金額	（備考）旧単価（円）／単価上昇率（%）
材料・品番				
・・・				

小計　円

2　エネルギーコスト（電気代、ガス代、ガソリン代等）

（例）

	単価	総使用量	貴社向け売上比率	金額	（備考）単価上昇率（%）
電気代					
・・・					

小計　円

3　労務費（定期昇給、ベースアップ、法定福利費等）

（例１）

改定前の労務費総額	労務費の上昇額 ※改定前の支払い実績（定期昇給、ベースアップ、法定福利費等）に最低賃金・春季労使交渉妥結額等の上昇率を乗じて算出	貴社向け売上比率	金額
円	円	%	円

（例２）

現在の労務費単価	人数	労務費の上昇率 ※最低賃金・春季労使交渉妥結額等の上昇率	金額
円／人・日	人・日	%	円

小計　円

4　その他

（例）設備償却費、保管料、輸送費等

小計　円

1

図13-5 ▶ 参考資料「労務費の適切な転嫁のための価格交渉に関する指針の別添」

第 **2** 章

見積と値上げ資料の
疑問に答えます！

第1章では原価計算と値上げ金額の計算について説明しました。この値上げ金額は、数字が意味するところを適切に理解する必要があります。ところがその数字の意味を、取引先と仕入先が異なった意味で捉えるため、値上げ交渉がうまくいかないのです。そこで第2章では、これらの数字の意味するところと、取引先の誤解について説明します。

14. 適正価格はあるのだろうか？
15. 値上げの根拠を求められたらどうすればよいだろうか？
16. 時間はどこまで出せばよいのだろうか？
17. 検査の追加と値上げ金額
18. 運賃・梱包費用の増加と値上げ
19. 仕様追加で上がったコストはどうすればよいだろうか？
20. 決算書を出すように言われたが、どうすればよいだろうか？

14 適正価格はあるのだろうか？

　値上げ交渉で取引先から「高すぎる」と言われました。では、いくらが「適正価格」なのでしょうか。

ポイント24　会社が違えば適正価格は違う

　結論から言えば、ある製品（部品）について「絶対的な適正価格」はありません。
　ただし「自社にとっての適正な価格」はあります。
　それは「製造原価、販管費をカバーし、必要な利益がある価格」です。これは本書の見積金額です。見積金額で受注すれば、原価をカバーした上で必要な利益が得られます。
　本書の方法で計算した原価は、その工場で発生した費用にもとづく「真実」です。時間（段取時間、加工時間）が正しければ、計算した見積金額が自社の適正価格です。
　この適正価格は会社によって違います。会社が違えば、現場に分配する間接製造費用や販管費の比率が違うからです。

（1）規模の違うA社とB社の比較とその適正価格

　そこで規模の違う架空の企業A社とB社を比較します。2社とも、マシニングセンタ、NC旋盤などの部品加工と組立を行っています。ただし規模が以下のように違います。

　A社：売上7億円、社員41人、うち間接（事務含む）は13人
　B社：売上30億円、社員194人、うち間接（事務含む）は88人

　A社に比べ、B社は外注加工も多く、そのため購買や生産管理などの間接部門にも多くの人がいます。技術や品質管理の人も多く、品質管理や工

第2章 ● 見積と値上げ資料の疑問に答えます！

程管理は充実しています。A社の構成を**図14-1**に、B社の構成を**図14-2**に示します。

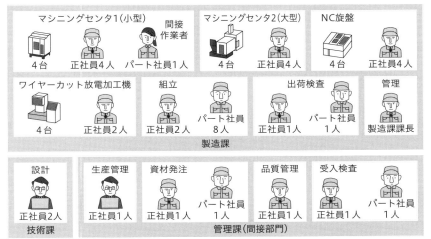

図14-1 ▶ A社の構成

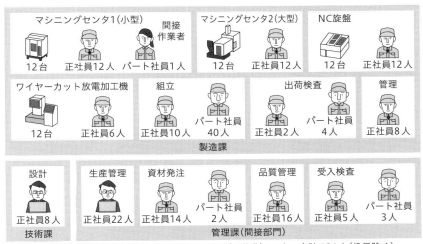

図14-2 ▶ B社の構成

A社、B社の売上、製造原価、販管費、利益を**表14-1**、**14-2**に示します。

表14-1 ▶ A社、B社の売上、製造原価、販管費、利益

(単位：千円)

	A社	B社
売上	400,000	3,000,000
製造原価	300,000	2,763,000
販管費	77,000	157,000
営業利益	23,000	80,000

表14-2 ▶ A社、B社の製造原価の内訳

(単位：千円)

	A社	B社
材料費	105,000	700,000
労務費	115,000	610,000
外注費	30,000	1,200,000
製造経費	50,000	253,000
製造原価	300,000	2,763,000

両社のNC旋盤のアワーレート間（人 + 設備）を示します。

A社：4,620円/時間

B社：7,670円/時間 （+3,050円/時間）

B社のアワーレート間（人 + 設備）はA社に比べて3,050円/時間大きくなりました。

賃金と設備の費用（償却費とランニングコスト）は同じでもアワーレート間（人 + 設備）がこれだけ違うのは、B社は間接部門の人件費と工場の経費が大きいからです。販管費レートを以下に示します。

A社　販管費レート：0.25

B社　販管費レート：0.056

B社は売上に対する販管費は大きくないため、販管費レートはB社はA社より小さくなりました。

原価はどれだけ違うでしょうか。A1製品の見積金額を**表14-3**に示します。

表14-3 ▶ A1製品の見積金額の比較

	A 社	B 社
アワーレート間（人 + 設備）円／時間	4,620	7,670
製造時間　（時間）	0.075	
製造費用　（円）	346	575
材料費　（円）	330	
外注費　（円）	50	
製造原価　（円）	726	955
販管費レート	0.25	0.056
販管費　（円）	182	53
目標利益率	0.087	
目標利益　（円）	80	88
見積金額　（円）	988	1,096

アワーレート間（人 + 設備）が大きく違うため、B社の製造費用は229円大きくなりました。逆に販管費レートは小さいため販管費は129円小さくなりました。見積金額、つまり適正価格は

- A社：988 円
- B社：1,096 円

B社が108円高くなりました。受注金額が950円の場合、

- A社の利益：950 − 908 = 42 円
- B社の利益：950 − 1,008 = ▲58 円

A社は42円の利益がありますが、B社は58円の赤字でした。これを**図14-3**に示します。

83

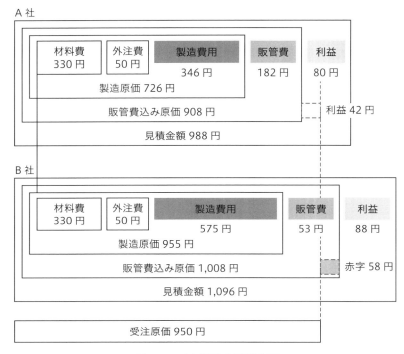

図14-3 ▶ A1製品の見積金額

A1製品の見積を2社に依頼した場合、

A社の見積は988円

B社の見積は1,096円

B社は取引先から「1,096円は高すぎる！」と言われます。しかしB社は1,096円が適正価格です。この違いは何が原因なのでしょうか。

 ## 自社に合った製品を受注する

価格の高いB社は以下の特徴があります。
  ◇専任者が手順書や治具の整備、製造条件の記録を取り、工程管理はしっかりできている。その結果、品質は安定している。製造履歴（ト

レーサビリティ）も記録・保管している。
◇検査員や検査・測定機器が充実し、必要な個所はすべて社内で測定・評価できるなど、品質管理がしっかりしている。
◇生産技術の専任者がいて、技術的に難易度の高い製品も加工治具を製作したり、加工条件を最適化するなど、工夫して実現できる。

B社に比べてA社は以下の点が弱いという特徴があります。
- 工程管理は担当者に任せており、手順書の整備や製造条件の記録が不十分、品質不良のリスクがある。またトレーサビリティも取られていない。
- 検査・測定機器が十分にないため、測定・評価できない項目がある。
- 技術的に難易度の高い製品には対応できない。

製品の要求精度、要求品質、技術的な難易度によって、適切な発注先は変わります。

難易度や品質リスクが低く、トレーサビリティも必要なければ、価格の低いA社が適しています。このような製品をB社に発注すれば高くなります。

技術的な難易度が高く、不良品が発生するリスクが高ければ、価格が高くてもB社が適しています。A社は不良品が発生するリスクが高く、不良品が発生してもトレーサビリティが取られていないため影響範囲を絞り込むことができません。これを**図14-4**に示します。

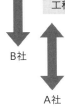

難易度が高い
（高いレベルの工程管理、品質管理、製造履歴管理が必要）
工程管理、品質管理など間接部分の費用が大きい
（必要かつ最小限になっているか？　肥大化に注意）

B社

難易度が高くない
（高いレベルの工程管理、品質管理、製造履歴管理は必要ない）
工程管理、品質管理など間接部分は最小限

A社

図14-4 ▶ A社とB社の得意分野

もしB社がA社に適した低価格の製品を受注しようとすれば、A社との価格競争になります。価格は厳しく十分な利益を上げられません。従って、B社はA社には向いていない難易度の高い製品を狙うべきです。

　どの製品も常に競合が安い見積を出すため、値引きしなければ受注できないことがあります。自社が高コストになっていて、コストで競合に勝てなくなっているかもしれません。これはどうすればよいでしょうか。

（2）適正価格を引き下げるには？

　競合と比べて自社の見積が明らかに高ければ、以下のいずれかが考えられます。

① 時間と手間がかかっている

　製造工程が多くないか？
　1工程での製造時間（段取時間、加工時間）が長くないか？
　作業者が多くないか？

② 直接製造費用が高い

　作業者の人件費が高くないか？（例　競合はパート社員が製造している）
　高価な設備、ランニングコストが高い設備を使ってないか？

③ 間接製造費用、販管費が高い

　間接部門の人員が多くないか？
　工場の経費が多くないか？
　事務や営業の人員など販管費が多くないか？

見積価格が競合より高い場合は人件費や販管費を見直す

　以前に比べて売上が減少すれば、売上に対して間接部門の人件費や販管費が高くなっています。一時的でなく、今後も売上が低い状態が続くようであれば、今の売上に合わせて間接部門や工場、事務所を縮小しなければ

なりません。そうしなければ自社の適正価格は競合よりも高く、常に値引きしなければ受注できなくなります。

　間接部門や工場、事務所の縮小は簡単ではありません。会社がここまで成長する以前に、同じくらいの売上で利益が出ていた時があれば、その時の組織・体制を参考にします。あるいはコラム３（P.71〜）で述べた方法で間接部門の人員を削減します。

15 値上げの根拠を求められたら どうすればよいだろうか？

　意を決し値上げ交渉に行くと、取引先から「根拠となる資料を出してください」と言われました。

（1）なぜ根拠を求めるのか

　取引先が最も気にするのは何でしょうか？

　それは「便乗値上げ」です。今はいろいろなものの値段が上昇しています。取引先も「値上げはやむを得ない」と思っています。かといって仕入先の値上げをそのまま受け入れていれば、製品の原価が高くなってしまいます。

ポイント 27 ▶ 取引先が最も気にするのは便乗値上げ

　取引先も部品メーカーの場合、今度は取引先が自社の取引先に値上げをお願いしなければなりません。その際「○○の理由で仕入れ先から値上げがあったため、納入価格の見直しをお願いします」とお願いしなければなりません。そのためには、この○○という具体的な値上げの根拠が必要です。

　また仕入先からの値上げ要請は取引先の内部で審査し、承認を得る必要があります。担当者が妥当な金額と思っても、上司から「なぜその金額なのか」「もっと値上げ金額を下げることができないのか」と言われるかもしれません。

　仕入先が電気代高騰、材料費上昇のために、10％の値上げをお願いすることがあります。なぜ10％なのでしょうか？「原因が電気代の上昇だけなら、金額はもっと低いのではないか」と取引先は思います。

ポイント 28　メーカーと下請けでは値上げの考え方が違う

　私たちが普段接している一般消費者向けの商品、例えば食品の値上げは、ここで述べている下請企業の値上げと違います。一般消費者向けの商品はメーカーが多額の広告宣伝費を投じています。この広告宣伝費は売上のかなりの割合を占めます。自社が値上げしても競合が値上げしなければ、消費者は他のメーカーの商品を買います。多額の広告宣伝費を投じたのにも拘らず、値上げしたことで売上が減少し、利益も減少するのです（**図15-1**）。

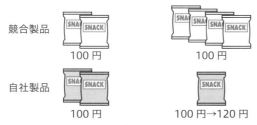

原価が上がったため値上げしても、競合が値上げしなければ販売量が減少する。その結果、利益総額は減少し、市場シェアも低下する。

(a) 見込み生産（主にメーカー）

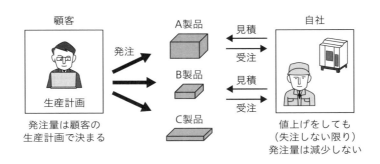

(b) 受注生産（主に下請け企業）

図15-1 ▶ 見込み生産と受注生産の企業の違い

対して下請けは値上げを我慢しても売上が増えるわけではありません。しかも費用が増加すれば、その分利益は大幅に減少します。将来設備の更新もできなくなり、会社が立ち行かなくなってしまいます。

(2) どこまで出せばよいのか

そこで値上げ金額が妥当であると思ってもらうために、値上げ金額の明細を出します。ただしできれば明細は各費用の値上げ金額にとどめておきます。

値上げ金額の明細は各費用の値上げ金額にとどめ、製造時間やアワーレートは出さない

取引先によっては工程毎の製造時間やアワーレートも見積に必要なことがあります。しかし製造時間やアワーレートは算出条件によって値が変わります。その結果、「アワーレートが高すぎる」「この時間でできるはずだ」といった指摘を受けます。このアワーレートの相違については第3章23節（P.133～）、時間の相違については次節で説明します。

16 時間はどこまで出せばよいのだろうか？

　取引先の担当者が現場に詳しい場合、見積書の加工時間を見て「長すぎる！」と言うことがあります。あるいは担当者が現場に来てストップウォッチで時間を計り「〇分だから〇円でできる！」と言うこともあります。しかしその時間で見積もりすれば赤字になってしまいます。

(1) 見積書に記入する時間

　時間はどこまで見積書に記入すればよいのでしょうか。

ポイント30　見積書に記入するのはストップウォッチで計った時間ではダメ！

　これはストップウォッチで計った時間と見積に使う時間の違いを誤解しているためです。
　そこで、A1製品で比較します。A1製品の段取時間、加工時間、製造時間は

段取時間：0.5 時間
加工時間：0.07 時間
ロット：100

$$製造時間 = \frac{0.5}{100} + 0.07$$
$$= 0.075 \text{ 時間}$$

　製造時間は0.075時間でした。100個を加工する時間が段取を含めて7.5時間だったので1個あたり0.075時間と計算しました。実際にストップウォッチで計ると段取が0.42時間、1個の加工時間が0.05から0.07時間、

平均0.058時間でした。これを**図16-1**に示します。

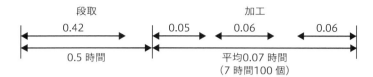

図16-1 ▶ A1製品の段取時間と加工時間

どうしてこのようなことが起こるのでしょうか。原因は2つあります。

① **工程内検査、材料や完成品の運搬、切粉やスクラップの除去などの付帯作業**

付帯作業の中には何個かつくると1回発生するものもあります。そのため主体作業時間だけでは生産できません。これを**図16-2**に示します。

他にも以下の作業は、作業時間が不明だったり、工程表に記載されていなかったりするため、あいまいになっています。

例えば
- 加工前の材料の仕分け、選別、洗浄などの前工程
- 工程内検査、最終検査などの検査工程
- 出荷のための梱包、箱への収納、員数確認など出荷作業

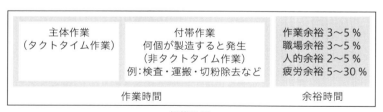

図16-2 ▶ 作業時間と余裕時間

② **計画が頻繁に変わることで余分に時間がかかる**

多品種少量生産では毎回つくるものが違うために、材料や治工具の準備に時間がかかったり、計画が頻繁に変わることで現場が混乱して生産準備

に余分に時間がかかったりします。自動車部品のような大量生産でも、生産量がまとまって安定して生産できるものは取引先が生産し、品種が多く生産量が少ないものは仕入先に発注されることがあります。そうなると、同じような部品でも、仕入先の現場は混乱し取引先と同じ時間ではできません。

（2）余裕時間の内訳

また人は疲れることも時間がかかる原因です。

作業時間に余裕時間を加えて標準時間とする

図16-2の主体作業時間は、ライン生産の場合、ラインのタクトタイムです。そして主体作業の時間と付帯作業の時間の合計が作業時間です。実際は疲労によって作業ペースが落ちるため、この時間で1日生産を続けることはできません。そこで作業時間に余裕時間を加えて標準時間とします。見積金額や生産計画はこの標準時間から計算します。

この余裕時間の内訳を**図16-3**に示します。

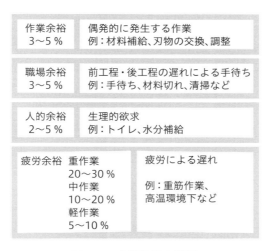

図16-3 ▶ 余裕時間の詳細

図16-3の中で、作業余裕や職場余裕は、図16-2作業時間の中の付帯作業と重複する部分があります。こういった作業が付帯作業時間になっている場合は、作業余裕、職場余裕はゼロにします。

　疲労余裕は、作業のきつさにより変わります。ただし、重作業とは重い（例　25kg）ものを繰り返し持ち上げて運ぶような肉体を酷使する作業です。

　余裕時間を見込むと製造時間はどう変わるのでしょうか。A1製品の例で計算します。

　各余裕は以下の値とします。

作業余裕：4％

職場余裕：4％

人的余裕：4％

疲労余裕：8％

余裕率 ＝ 作業余裕 ＋ 職場余裕 ＋ 人的余裕 ＋ 疲労余裕
　　　 ＝ 4 ＋ 4 ＋ 4 ＋ 8 ＝ 20％

（1）（P.91～）の実測時間から余裕率を加味して時間を計算します。

加工時間（実測）：0.058時間

標準時間 ＝ 作業時間 ×（1 ＋ 余裕率）
　　　　 ＝ 0.058 ×（1 ＋ 0.2）＝ 0.0696 ≒ 0.07時間

段取時間（実測）：0.42時間

ロット：100

段取時間 ＝ 段取時間 ×（1 ＋ 余裕率）
　　　　 ＝ 0.42 ×（1 ＋ 0.2）＝ 0.504 ≒ 0.5時間

余裕率を考慮しない場合の製造時間

$$製造時間 = \frac{0.42}{100} + 0.058 = 0.0622 \text{時間}$$

余裕率（20％）を考慮すれば製造時間は20％増えます。

この余裕率は製造工程、作業者の熟練度、管理体制によって変わります。そこで自社の実際の余裕率を調べます。簡単な調べ方は、そのロットを製造するのにかかった時間をロットの数で割って実際の1個の製造時間を計算します。この値を1個のみの生産時間（実測時間・タクトタイム）で割れば余裕率が計算できます。

A1製品の場合、

100個ロットの実際の生産時間：7時間（段取を除いた時間）

加工時間（実測）：0.058時間

$$余裕率 = \frac{(7/100)}{0.058} - 1 = 0.207 \doteqdot 0.2 = 20\％$$

余裕率は20％でした。

ポイント 32　生産計画、見積は標準時間、現場の目標は主体作業時間

一方、現場の目標時間は、余裕時間を含めない正味の作業時間（主体作業時間）とします。なぜなら余裕時間が含まれていると、実績時間は常に目標時間を下回るからです。これでは「どうすればより時間を短くできるのか」といった改善の切り口が見えません。

しかし生産計画や見積金額の計算では、正味の作業時間は短すぎます。これでは「達成できない計画」や「達成できない金額」になってしまいます。

そして取引先が現場を視察してストップウォッチで測定した時間は、余裕時間を含めない主体作業時間なのです。

ポイント 33　「目標時間でできるはず」と言われた場合にはアワーレートを大きくする

つまり取引先が、現場に来てストップウォッチで時間を計って「この時間でできるはず」というのは無理なことがわかります。

　確かに、品種が少なく生産量が安定していれば、主体作業時間と標準時間の差は小さくなります。しかし、実際の中小企業の現場は品種が多く、計画の変更も頻繁にあります。ロスも多く、目標時間と標準時間の差が大きくなります。もちろん、こうしたロスや付帯作業時間、余裕時間を短縮する努力は必要です。しかし、現実にこれだけのロスが発生しているのであれば、それも見積に入れなければ赤字になってしまいます。

　一方、問題は、取引先も自社の製品の原価を主体作業時間で計算している場合があることです。そうなると、ロス時間や付帯作業、余裕時間について取引先の理解を得るのが難しくなります。もし、取引先がストップウォッチで時間を測定し「これでできるはずだ」と主張するのであれば、製造時間はその時間にして、その分アワーレートを大きくします。

　望ましいのは「○時間でできるはずだから○円にしろ」というより、「○時間かかっているのをどうしたらより短くできるか」という建設的な議論です。そしてロスの原因を明らかにして、それをお互いが協力して改善することです。現実には、

- 急な納期変更で資材の準備が間に合わず、現場で手待ちが発生している。（その分標準時間が長くなる。）
- 取引先からの支給品が遅れて予定通りに着手できない
- 公差が厳しく修正のため加工時間が長くなっている
- 形状に無理があり、そのため加工時間が長くなっている

　このような原因で出来高が減少することも多いのです。これらを解決して出来高が増えれば、原価が下がります。取引先のコストダウン要請にも応えることもできます。

　これまでは時間の経過とともに改善が進み、コストダウンが進むと考えられていました。この誤解については、次のコラム４を参照願います。

COLUMN • 4
経験曲線と改善の効果

　新製品の発売直後は、「原価が高く利益は少なく、時間の経過とともに原価が下がり利益が増える」と一般的には言われています。

　1966年、アメリカのコンサルティング会社「BCG（ボストン・コンサルティング・グループ）」のブルース・ヘンダーソン氏は、多くの業種で作業経験が2倍になると平均費用が10〜25％下がることを発見しました。これが経験曲線効果（**図1**）です。原因は同じ作業でも作業者が習熟することで、より早くより正確に作業するようになるからです。

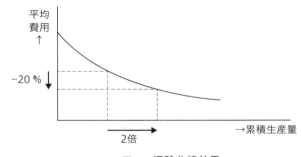

図1 ▶ 経験曲線効果

他にも、
- トラブルを順次解決することで生産が安定する
- 作業方法や設備を改善し、作業の能率が上がる
- 改善により品質が向上し歩留が良くなる

などがあります。

　改善すれば時間は短くなり歩留が良くなるため、原価は下がり利益が増えます。そこで様々な費用が上昇して利益が減ると、改善を頑張って利益を出そうとする会社もあります。

　改善はとても大切ですが、中小企業の現場は「改善では利益が出ない」ことも多いのです。その理由は、

① 受注量が減少し売上が低下している場合、改善による原価低減の効果が出にくい
② 少人数の現場では改善で1/3人分作業時間が短縮できても、人は1/3に分割できない。1/3人分空いている時間に他のお金を稼ぐ作業を入れられない
③ 生産性が低い原因が、頻繁な顧客の生産計画の変更や資材の納入遅れなどのため、現場で作業を改善しても効果が出ない
④ 発注ロットが小さくなり、多品種少量生産になっている。これに対し作業者は外国人研修生と派遣社員が多く定着率も低い。そのため日々の作業をミスなく行うことで手一杯になっている。

図2のように売上が増加している局面では、改善による原価低減の効果は大きく利益が増えます。

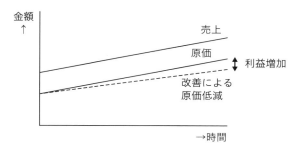

図2 ▶ 売上が増加している場合

しかし、**図3**のように売上が減少している場合、改善の効果は次第に小さくなります。

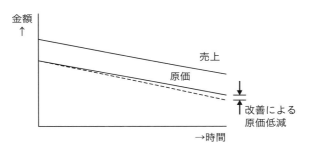

図3 ▶ 売上が減少している場合

しかも、第2章14節（P.80〜）で述べたように売上が減少している場合、間接製造費用や販管費の削減が間に合わず高コストになっているかもしれません。いろいろな費用が増加して利益が減少している場合、改善では吸収しきれないことも多いのです。

17 検査の追加と値上げ金額

受注当初は全数検査ではありませんでした。しかし生産開始後、取引先から全数検査を要求されました。その分原価は高くなっています。では、全数検査でいくら高くなるのでしょうか。

(1) 全数検査と抜取検査

検査は**図17-1**に示すように全数検査と抜取検査があります。

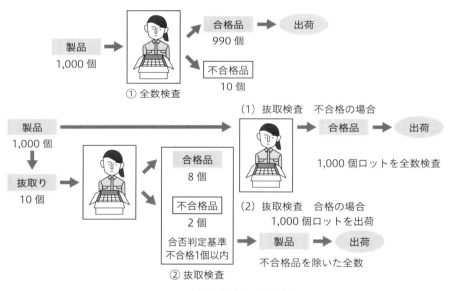

図17-1 ▶ 抜取検査と全数検査

① 全数検査

最も確実ですが、検査時間の分原価が増えます。設備に比べてアワーレート（人）は高いことも多く、人が検査すれば原価は大きく上昇します。

一方、目視検査などは全数検査をしても検査漏れが起きます。全数検査だからといって100％良品とは限りません。

第 2 章 ● 見積と値上げ資料の疑問に答えます！

② 抜取検査

　サンプルを抜取って検査する方法です。サンプルの検査結果を、統計を用いて判定します。図17-1②の場合、1,000 個から 10 個抜き取り、合格は不合格品が 1 個以内です。不合格品が 2 個あれば、そのロットは不合格となり、全数検査します。

　抜取検査の方法は JIS（JISZ9002 ～ 9004、Z9015）に詳しく記載されています。

　抜取検査は、

- 不良品が流出する
- 誤判定がある

という特徴があります。そのため取引先の品質の要求が厳しく「100 ％良品」を求められる場合、全数検査が必要です。

　検査を追加すれば原価はいくら上がるのか、A1 製品で抜取検査と全数検査を追加した場合を計算します。

③ 具体的な検査費用

　A1 製品

　　製造工程：NC 旋盤

　　製造時間：0.075 時間

　　製造費用 346 円

　　ロット：100 個

　　材料費：330 円

　　外注費：50 円

　　販管費レート：0.25

　検査時間：3 分（0.05 時間）

　検査は人が行うため、検査費用はアワーレート間（人）のみで計算します。

　検査現場のアワーレート間（人）は他の現場より低く、2,350 円／時間

101

でした。

$$検査費用 = アワーレート間（人）\times 検査時間$$
$$= 2,350 \times 0.05 = 117.5 \doteqdot 118 円$$

$$製造原価 = 材料費 + 外注費 + 製造費用 + 検査費用$$
$$= 330 + 50 + 346 + 118 = 844 円$$

全数検査を追加したため製造原価は118円増えました。A1製品の利益は80円なので、全数検査を追加したことで、38円の赤字になりました。

抜取検査の条件：100個から5個抜取り
（本来はJISの抜取検査に従って抜取り数は決めます。ただし現場では上記のように適当に抜取り数を決める場合もあります。）

$$製品1個当たりの検査費用 = 検査費用 \times \frac{検査数}{ロット数}$$
$$= 118 \times \frac{5}{100} = 5.9 \doteqdot 6 円$$

製品1個当たりの検査費用は6円でした。

$$製造原価 = 材料費 + 外注費 + 製造費用 + 検査費用$$
$$= 330 + 50 + 346 + 6 = 732 円$$

抜取検査を追加したことで製造原価は6円増えました。検査なし、抜取検査、全数検査の比較を**表17-1**に示します。

表17-1 ▶ 検査なし、抜取検査、全数検査の比較

(単位：円)

	検査なし	抜取検査	全数検査
検査費用	0	6	118
製造原価	726	732	844
利益	80	74	▲38

　全数検査を追加すれば38円の赤字です。

　一方、抜取検査の費用は6円なので、抜取検査を追加しても利益は6円マイナスするだけです。そのため、抜取検査の費用は原価と考えない企業もあります。

ポイント34 検査費用（とくに全数検査を追加する場合）を見積に入れて取引先の理解を得る

　抜取検査は不良品の流出が前提のため、全数良品を保証できません。それもあって取引先は全数検査を求めます。しかし全数検査を追加すればコストは大幅にアップします。

　中には「検査は間接費用で原価ではない」と思っている取引先もあります。なぜなら受入検査がそうだからです。A社でも、受入検査は受入品1個にどのくらいかかっているのかわからないため、間接製造費用と考えます。しかし、今までなかった全数検査を追加すれば、その分原価は増えています。A1製品の場合、3分検査すれば118円の費用が発生するのは「事実」です。その分値上げできなければ赤字になります。

　良いものをつくるためにやったほうがよいことは検査以外にもあります。しかしコストをかけてでもやるべきかどうかは別です。このような場合は、取引先に原価がいくら上がるか金額を示して、「これだけコストが上がりますがそれでもやりますか」と交渉します。やったほうがよいが、コストをかけるまでもないこともあります。しかし金額を示さなければ、

いつの間にかやることになってしまいます。

　具体的な金額を示したのにも拘らず「値段を上げずにやってほしい」と要求されれば、これは国のガイドラインに抵触します。これについては付録（P.185〜）を参照してください。

　見積に検査費用を明記すれば、お互いに検査費用を意識します。その上で「どうすれば検査費用を少なくできるか」お互い建設的な議論ができることが望ましいです。

ポイント 35　社内で行う原価計算にも必ず検査費用を入れる

　一方、社内も検査にコストはかからないと思っていることがあります。それでは取引先から全数検査を要求されても問題と感じません。

　そこで社内で原価を計算する際も、検査費用を必ず原価に入れます。そうすれば「検査も原価である」と意識するようになります。その上で検査時間を短縮するように努力します。検査は慌てると検査ミスが起きるため、現場も検査時間を短くしようとしないことがあります。しかし検査も原価です。原価を下げるには検査時間の短縮も重要です。

18 運賃・梱包費用の増加と値上げ

製品を顧客に運ぶ運賃や梱包資材の費用も上がっています。これはどのように交渉すればよいのでしょうか？

(1) 梱包費用

梱包費用（**図18-1**）は、梱包資材の費用と梱包にかかる人件費です。

梱包の人件費　　梱包資材の費用

図18-1 ▶ 梱包費用

梱包資材はわずかで、梱包時間も短ければ、これらの費用は間接製造費用と考えます。梱包に時間がかかり、梱包資材の金額も高ければ見積に入れます。

① 梱包資材の費用

製品の価格が低く、かさが大きいと相対的に梱包資材の費用が高くなります。

例えば、1個100円の製品を120円の段ボールに6個入れる場合、1個当たりの段ボール費用は20円になります。これは製品価格100円の20％です（**図18-2**）。

段ボール120円　　1個当たり20円

価格100円

図18-2 ▶ 梱包資材の費用

一方、段ボールでなく通箱のように繰り返し使用できる場合、生産開始時に必要な数の通箱を購入します。その場合、費用は金型や治具と同様にイニシャル費です。

② 梱包作業の費用

　梱包作業に時間がかかる場合、その費用を原価に入れます。ただし見積に梱包費用を入れる場合、梱包費用や梱包資材の費用は製造原価とは別に記載します。

見積に梱包費用を入れる場合、製造原価とは別に記載する

　加工や組立などの生産活動は時間を短くする改善に取り組みますが、梱包は改善に取り組まないことがあります。しかし梱包作業も費用は発生しています。そこで、梱包資材の使用量や梱包時間も「見える化」し、改善に取り組みます。

　例えばA社、A1製品の梱包費用（**図18-3**）は、
- 6個1箱
- 段ボール：120円
- クッションシート：12円（テープ等の他の資材は消耗品）
- 梱包時間：10秒（0.00278時間）
- 梱包のアワーレート間（人）：1,920円/時間

図18-3 ▶ 梱包費用の例

$$1\text{個当たりの梱包材費用} = \frac{1\text{箱の梱包資材費用合計}}{1\text{箱の個数}}$$

$$= \frac{120 + 12}{6} = 22\,\text{円}$$

$$\text{梱包費用} = \text{梱包のアワーレート間(人)} \times \text{梱包時間}$$
$$= 1{,}920 \times 0.00278 = 5.3 \fallingdotseq 5\,\text{円}$$
$$\text{梱包費用合計} = 22 + 5 = 27\,\text{円}$$

A1 製品 1 個の梱包作業の費用と梱包資材の費用の合計は 27 円でした。

(2) 運賃の計算

　運賃も梱包費用と同様です。製品の価格に比べて運賃が低ければ、運賃は販管費に含めます。製品の価格に比べて運賃が高ければ、製品毎に運賃を計算し見積に加えます。

　製品の価格が低く、容積・重量が大きければ、運賃の比率が高くなります。そのような製品は運賃を計算して見積に入れるかどうか判断します。

ポイント 37 ▶ 運賃を見積に入れるかどうかは計算してから判断する

　製品 1 個の運賃はトラック 1 台の費用と 1 台に積める量から計算します。

A1 製品
- 1 パレット：250 個
- トラック 1 台：10 パレット
- トラック 1 台の費用：50,000 円

107

4トン車10パレット積載　　1パレット　　　　10パレット
チャーター代5万円（50km）　250個　　　　　2,500個

図18-4 ▶ A1製品の運賃計算

$$1\text{個の運賃} = \frac{1\text{台の費用（チャーター代）}}{1\text{台の積載量}}$$

$$= \frac{50{,}000}{250 \times 10} = 20\text{円}$$

1個の運賃は20円でした。

同じ製品でも輸送条件が異なる場合があります。例えば、
- 条件1：量が多ければ1台チャーターできるが、少ない場合は混載便になる
- 条件2：顧客の工場が2か所あり距離が異なる。H工場20km、K工場200km

毎回、運賃を計算すれば問題ありませんが、それが難しい場合、それぞれの比率から平均運賃を計算します。
例えば、
- 条件1：量が多ければ1台チャーターできるが、少ない場合は混載便になる
- 条件2：顧客の工場が2か所あり距離が異なる。H工場20km、K工場200km

過去の実績から比率を調べます。

第 2 章 ● 見積と値上げ資料の疑問に答えます！

【納品場所】
- H工場まで50km、60％
- K工場まで300km、40％

【チャーター、混載比率】
- チャーター便、80％
- 混載便、20％

この比率から全体の比率を計算したものを**表18-1**に示します。

表18-1 ▶ 工場と輸送方法の組合せ

		輸送方法	比率	全体比率
H工場	60％	チャーター便	80％	48％
		混載便	20％	12％
K工場	40％	チャーター便	80％	32％
		混載便	20％	8％
			合計	100％

チャーター便のH工場とK工場の運賃を**図18-5**に示します。

図18-5 ▶ チャーター便でのH工場とK工場の運賃

$$1個の運賃 = \frac{1台の費用（チャーター代）}{1台の積載量}$$

$$= \frac{100,000}{250 \times 10} = 40円$$

チャーター便の運賃は、H工場20円、K工場40円でした。

混載便でのA工場とB工場の運賃を**図18-6**に示します。

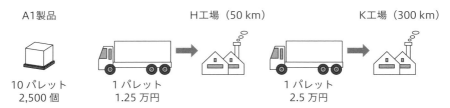

図18-6 ▶ 混載便でのH工場とK工場の運賃

$$H工場1個の運賃 = \frac{1パレットの運賃}{1パレットの積載量} = \frac{12,500}{250} = 50 円$$

$$K工場1個の運賃 = \frac{1パレットの運賃}{1パレットの積載量} = \frac{25,000}{250} = 100 円$$

混載便の運賃は、H工場50円、K工場100円でした。
集計結果を**表18-2**に示します。

表18-2 ▶ 工場と輸送方法の組合せ

			運賃	全体比率	運賃 × 比率
H工場	チャーター便	48%	20	48%	9.6
	混載便	12%	50	12%	6
K工場	チャーター便	32%	40	32%	12.8
	混載便	8%	100	8%	8
				合計（平均運賃）	36.4

平均運賃は36（36.4）円でした。

（3）値上げ計算と見積書への記載

梱包費用、運賃が上昇した場合の値上げ金額は
梱包資材：10％上昇
運賃：30％上昇

運賃 $= 36 \times (1 + 0.3) = 46.8 \fallingdotseq 47$ 円（$+11$ 円）

梱包費用 $= 22 \times (1 + 0.1) + 5 = 29.2 \fallingdotseq 29$ 円（$+2$ 円）

　運賃を11円、梱包費用を2円値上げすれば、運賃の上昇と梱包資材の上昇をカバーできます。この見積書の記載例を**図18-7**に示します。

　この見積書で、運賃、梱包費用は販管費で、製造原価ではありません。そのため販管費の計算に運賃、梱包費用は含まれませんので注意します。

3	メッキ	M社			50.0	1	50.0	

販管費比率、利益率等

販管費比率	利益率	不良率
25%	8.7%	0.0%

製造原価、見積金額

	製造原価	販管費	不良損失	運賃	梱包費	償却費	総原価	利益	見積金額	
旧	726	182	0.0	36.0	27.0	0.0	971	80	旧	1,051
新				47.0	29.0	0.0	984	80	新	1,064
									増加	13

図18-7 ▶ 見積書の記載例

19 仕様追加で上がったコストはどうすればよいだろうか？

当初受け取った仕様や図面に基づいて見積を出しました。その金額で受注後、生産中に問題が起きて工程が変更されました。例えば、以下のような問題です。

- 図面指示は切削だが、表面粗さ指示はRa 0.4だった。中にはこれをクリヤできていないものがあったため、研削仕上げを追加
- 平面度公差が0.01、当初の工程では精度が入らないものがあるため、もう1回仕上げ加工を行うように変更
- 板金部品でレーザ切断後のバリ（正確にはドロス跡）がダメと言われたため、バリ取り工程を追加
- 樹脂製品で成型後のひずみが問題となったため、熱処理（アニーリング）を追加
- キズのあるものが納入されたため、外観検査を追加（全数検査）
- 抜取検査で不良品が流出したため、全数検査に変更

これより原価はどれくらい上昇するのでしょうか。

（1）工程追加とコストアップ

工程追加によるコストアップの例として、研削、バリ取り、検査の工程追加について説明します。

① 研削工程追加

A社A1製品の製造費用は346円でした。そこに研削工程を追加しました。

研削加工のアワーレート間（人 + 設備）：4,620円
製造時間（段取を含む）：0.055時間

研削加工費用 ＝ 研削加工のアワーレート間（人 ＋ 設備）× 製造時間
$$= 4,620 \times 0.055 = 254 \text{ 円}$$

製造費用合計 ＝ 346 ＋ 254 ＝ 600 円

研削工程を追加したことで原価は254円増えました。A1製品の利益は80円のため、研削工程を追加すれば174円の赤字です。

② バリ取り追加

A1製品でバリ取り作業を追加しました。バリ取り時間は10.8秒（0.003時間）でした。

NC旋盤の現場のアワーレート間（人）：3,150円
バリ取り時間：0.003時間（10.8秒）

バリ取り費用 ＝ アワーレート間（人）× バリ取り時間
$$= 3,150 \times 0.003 = 9.45 \doteqdot 9 \text{ 円}$$

11秒弱のバリ取りは、現場はコストアップと思わないかもしれません。実際は9円も原価が増えています。その分利益が減少します。

③ 検査追加

全数検査追加によるコストアップについては第2章17節（P.100～）で説明しました。例えば、A1製品で簡単なキズの検査を追加した結果、検査時間は7.2秒（0.002時間）でした。

検査の現場のアワーレート間（人）は2,350円だったので、検査費用は4.7円でした。

検査時間が短ければ、現場はコストアップと思わないかもしれません。実際は4.7円原価が増えています。

（2）追加費用の負担の問題

工程追加による費用をどちらが負担するか、その判断基準は当初の仕様・図面に含まれていたかどうかです。その点、仕様書や図面は契約書と同じです。

 ポイント 38　工程追加費用負担の判断基準は仕様と図面。ただし、あいまいな点は事前に確認する

実際は、仕様書・図面に記載がなくても、その部品の機能や使い方を考えれば、やっていて当然とされてしまうことがあります。例えば以下のような例です。

① 表面粗さが不足

図面に研削加工の指示がなければ担当者は研削加工しません。しかし、図面の粗さの指示がRa 0.4の場合、切削加工だけで実現するのは難しいことがあります。この場合、研削加工が必要かどうかは、企業によります。切削だけでRa 0.4を達成できる企業もあります。

② バリ取り追加

バリに関しては双方の解釈が違うことがあります。図面に「バリなきこと」と記載されていれば、**図19-1**に示すようにレーザ加工のドロス跡のようなわずかなバリもNGです。

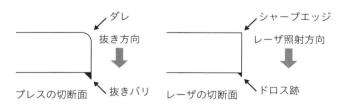

図19-1 ▶ バリの例

第 2 章 ● 見積と値上げ資料の疑問に答えます！

一方、バリさえなければ、どれだけシャープなエッジでも原則OKです。ところが後から取引先から「シャープエッジで手が切れるためバリ取りしてほしい」と言われることがあります。本来はその場合、バリ取りでなく、面取りやR仕上げの指示が必要です。そしてこれは設計変更となるため、追加費用を請求すべきです。

③ 検査追加

キズに関して図面・仕様書に具体的な基準がないことがあります。取引先は「キズがないものを入れてくれればいい」と言います。しかし、樹脂成形やプレス加工などの多くの加工方法では、キズが全くないことはありません。もしキズがないものが必要であれば、検査で傷のあるものを除外しなければなりません。その分原価が上がります。樹脂成形やプレス加工はもともと加工費用が低いため、検査費用は原価を大きく引き上げます。

④ 後出しジャンケンの問題

問題なのは最初は問題はなかったのに、途中からダメと言われる場合です。これは取引先の受入検査や製造の担当者が変わると起きたりします。キズや色むらなど感覚的なものは、取引先との間で主張が食い違うこともあります。

こういった後出しジャンケンの場合、工程を追加したために増えた費用は値上げ交渉します。実際はキズや色むらがダメという取引先の受入検査や製造部門は、そのために原価が上がると思っていません。

そこでこういったことを防ぐためには、面倒でも最初に限度見本を取り交わし、キズや色むらの基準を決めておきます。そしてあまり厳しい品質を要求する場合は、その分値上げをお願いします。

（3）図面、仕様の問題「製品の仕様か、加工方法の指示か」

取引先の要求が追加費用としてお金がもらえるかどうかは、図面・仕様書に記載があるかどうかです。ところがいろいろな解釈ができる図面・仕

様書もあります。こうしたあいまいな記述は事前に取引先と確認します。そうしないとお互いが自分に都合よく解釈してしまい、不良となった時にトラブルになります。そして多くの場合、取引先の立場が強く、お金がもらえません。

　図面で解釈の相違が起きる原因は、図面の記述に
- 加工方法の指示
- 品質の指示

この2つが混在しているためです。例えば**図19-2**（1）「Ra 0.4」は表面粗さの指示です。この場合、研削でも切削でも表面粗さがRa 0.4以下であれば合格です。

（2）は「G（研削）」なので研削という加工方法の指示です。この場合、研削してあれば表面粗さは問題ありません。現実にはこの2つが混同されています。

（2）のG（研削）と指定してあるのに、表面粗さが粗いために不良品とされたりします。もし研削加工で表面粗さRa 0.4以下が必要な場合は、（3）のように両方記載するようにお願いします。

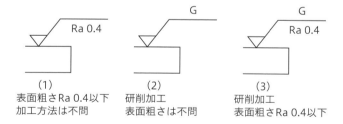

図19-2 ▶ あいまいさのある表記

　同様に「バリ取り」の指示は加工方法の指示です。バリ取りがしてあれば、その結果は規定されていません。実際はバリ取りすれば稜線は少し面取りされます。

　ところがバリ取りの指示がある箇所の稜線の「面取りが大きい」、あるいは「面取りが小さい」と取引先からクレームがつくことがあります。こ

れは稜線の品質の問題です。もし品質が必要なのであれば、バリ取り（C0.1～0.5、またはR0.1～0.5）と記載しなければなりません。

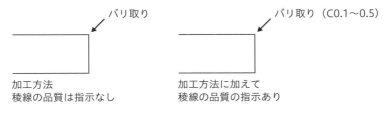

図19-3 ▶ バリ取り指示のあいまいな例

　図面・仕様書を受け取ったら、こういった細かな内容も確認し、あいまいな点は事前に取引先に確認します。そうしておかないと、つくる側と使う側でお互いが自分に都合の良い方に解釈してしまい問題になります。そして大抵は仕入先が泣きを見ることになります。

(4) 取引先からの設計変更

　仕様追加の中で取引先から出た設計変更は、値上げできる可能性が高いです。取引先の都合により追加された仕様のため、値上げを拒否できないからです。取引先によっては、最初の仕入先を選定する部署と設計変更後の原価を管理する部署が違うことがあり、設計変更後の原価を管理する部署は見積の査定が甘いこともあります。従って上げすぎと思われない範囲で値上げすれば、利益を増やすことができます。ただしその場合、取引先に説明する「金額がこれだけ高くなる理由」を考えておく必要があります。

20 決算書を出すように言われたが、どうすればよいだろうか?

　取引先から決算書を出すように言われました。幸い業績は悪くなく利益も出ています。しかし、決算書を出すと、もっと値下げするように言われそうで不安です。

　なぜ決算書の提出を求めるのでしょうか。

(1) 決算書の提出を求める理由

　上場企業の決算書はIR情報として公開されています。そのため決算書は公の情報と思っている取引先もいます。取引先が決算書の提出を求める理由には以下の2つが考えられます。

- 仕入先の経営の健全性
- 仕入先の利益がどのくらいあるのか

　1つ目は仕入先の経営が健全であるかどうかです。もし仕入先が突然倒産すれば部品の供給が止まってしまいます。そこで経営リスクが高ければ、万が一倒産した場合に備えて他の仕入先で生産できるように準備をします。こうした代替品を準備して、生産を止めないようにするのは購買の責任です。

　そのため決算書の見方を勉強し、決算書から経営状況を読み取れるようにしています。しかし、取引先の担当者が大企業を対象とした決算書の読み方を勉強している場合、その決算書の読み方では仕入先の経営状態を把握できないかもしれません。

　なぜなら中小企業の決算書は大企業とは違うからです。これを決算書を提出する仕入先側もわかっている必要があります。

(2) 経営の健全性の確認

　倒産リスクは、損益計算書の利益に加えて、貸借対照表の自己資本比率

で確認します。借入が総資本を上回り、自己資本がマイナスの債務超過になっていれば新規の融資は受けられません。上場企業の場合、債務超過が1年以上続けば上場廃止です。しかし中小企業は債務超過でも何十年も続く企業はたくさんあります。

このように決算書から読み取る経営状態は、上場企業と中小企業では違います。従って決算書から経営状態を把握するためには、決算書の数字の裏側を知る必要があります。例えば、

〈一見経営状態が悪いが、実は問題ない〉
- 債務超過だが、借入金の多くが役員借入金（経営者のお金）
- 赤字の原因が在庫の減少や処分（特別損失）
- 事業承継で株価を下げるため意図的に赤字を増やしている

〈一見経営状態は問題ないが、実は悪い〉
- 不要な在庫や使えない資産を処分しないで自己資本比率を高くしている
- 期末の売掛金、在庫を増やして黒字にしている
- 減価償却を行わずに黒字にしている（税法上は減価償却をしなくても問題ない）

経営状態を良く見せるのは、金融機関から融資を受けやすくするためです。意図的に会計操作をすれば、粉飾です。

決算書の数字は良くないが、それには理由があって実は経営状態は問題ない場合、そのことを取引先に丁寧に説明する必要があります。

中小企業の決算書は大企業とは違う！ 決算書の数字が良くても悪くても取引先への経営の健全性のための説明が必要

中小企業は大企業と異なり、決算書の数字だけでは経営リスクは読み切

れません。決算書を提出する場合は、自社の状況を詳しく説明しないと、倒産リスクが高いと判断され、取引先は代替生産先を探し始めます。

一方、利益が多く出ている場合はどうでしょうか。

（3）利益の意味を説明

利益は儲けではありません。利益があっても会社にお金があるとは限らないのです。

では利益とは何でしょうか。

売上から製造原価と販管費を引いたものが営業利益です。（正確には在庫の増減で変わりますが、説明を簡単にするために省略します。）この営業利益から、利息などの営業外費用を除き、法人税を支払った残りが税引き後の利益です。

一方、製造原価や販管費の中にある減価償却費は現金の支出のない費用です。その分お金が残ります。

そこで税引き後の利益に減価償却費を加えた金額が会社に残るお金です。これを**図20-1**に示します。

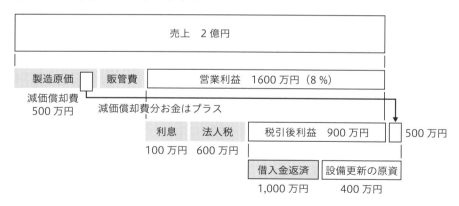

図20-1 ▶ 営業利益と実際のお金の動き

図20-1では売上高は2億円、営業利益は1,600万円です。売上高に対する利益率は8％、利益は多いように見えます。

この営業利益から借入金の利息100万円、法人税600万円を引いた税引後の利益は900万円です。ただし減価償却費が500万円あるので、会社に残るお金は1,400万円です。

この会社の借入金の返済は年間1,000万円でした。（この借入金の返済は損益計算書にはありません。）

その結果、残るお金は400万円です。この400万円を毎期内部留保し、設備の更新時期がくればこのお金で設備を更新します。あるいは借入して設備を買った場合、この400万円が借入金の返済原資です。

このように見ていくと、この会社の営業利益1,600万円は決して多くないことがわかります。もし毎期赤字でお金が全く残らなければ、更新時期が来ても設備を更新できません。

コラム1（P.16〜）で述べたように、製造業の廃業の原因に設備の更新ができないことがあります。特に高額の設備を使用している場合、内部留保が少なく利益もなければ、新たな借入もできません。

会社が永続するためには、設備の更新も含めた中長期の資金計画を立て、それに合わせて毎期の目標利益を決めて内部留保を蓄積する必要があります。そこで利益が出ている場合、このことを取引先に丁寧に説明します。

他にも取引先が仕入先の利益が高いと思う原因は、取引先の利益率が高くないからです。これは大企業と中小企業は資本構造が違うためです。

自己資本の少ない中小企業は運転資金を借入に依存します。かつては運転資金に相当する借入金は、期限が来れば借換えを行い返済しませんでした（疑似資本化）。しかしバブル崩壊後、金融庁の検査が強化され、この担保で保全されていない融資は不良債権とみなされるようになりました。そのため金融機関はこうした融資を保証協会付き融資に切り替えていきました。保証協会付き融資は返済が必要なため、これまで運転資金相当だった融資も返済しなければなりません。その結果、中小企業は借入金の返済が大きくなり、その分大きな利益が必要になりました。

第 **3** 章

値上げ交渉の悩みに
急いでお答えします！

第2章までで見積と値上げ資料の準備ができたとしても、実際の交渉では、都度対応に困る場面が多いでしょう。本章では、そういった値上げ交渉での対応方法を紹介します。

21. 値上げ交渉はどうやればよいのか？
22. 社員がなかなか値上げを進めない
23. アワーレートが高いと言われたがどうすればよいのだろうか？
24. 販管費や利益が高いと言われたがどうすればよいのだろうか？
25. 値上げが高すぎると言われた
26. 15年以上前から価格が変わらない製品
27. 転注すると言われたが本当だろうか？
28. 担当者が値上げに応じてくれない
29. 取引先との交渉をどうすればよいのだろうか？
30. どうしたら取引先と良好な関係を築くことができるのだろうか？
31. 赤字がひどく断りたい
32. 価格以外の交渉材料はないだろうか？
33. 交渉が苦手

21 値上げ交渉はどうやればよいのか？

　前節までのやり方で値上げ金額がわかれば、値上げ交渉をします。しかし中には「これまでコストダウンの話ばかりで、値上げの話はしたことがない」という場合があります。

　これまでは「いかにしてコストを下げるか」の一辺倒で値上げは考えられない、という時期が長く続きました。しかし様々な費用が上がり、価格転嫁は社会的な課題となっています。値上げを拒否できないムードにもなっています。では値上げ交渉はどうやればよいのでしょうか。

（1）値上げ交渉の手順

　一般的な値上げ交渉の進め方は、
　① 事前準備：事前準備1、事前準備2、方針決定
　② 交渉準備：事前連絡、値上げ資料作成、交渉準備
　③ 交渉本番
　④ フォロー

の4つです。その詳細を**図21-1**に示します。

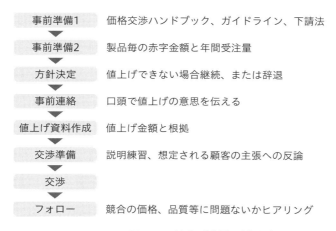

図21-1 ▶ 値上げ交渉の進め方

これは一般的な値上げ交渉の進め方で、**取引先との関係によって交渉の進め方は変わるため注意してください。**

(2) 手順の説明
① 事前準備1　法律やガイドラインの学習
最初は勉強です。

なぜなら値上げ交渉では発注する側の方が立場が強く（優先的地位）、そのままでは交渉は困難なためです。

そのため国は発注する側が優先的地位を乱用して、受注企業に不利な取引を押し付けないように、法律やガイドラインを定めています。

そこで値上げ交渉の前にこの法律やガイドラインを勉強します。そして交渉場面で不利な条件を押し付けられそうになった場合は、法律やガイドラインを盾にとって反論します。

この法律やガイドラインは以下の3つです。

- 価格交渉ハンドブック
- 下請適正取引等推進のためのガイドライン　（19のガイドラインのうち、自社に関係するもの）
- 下請代金支払遅延防止法（下請法）

この詳細は付録（P.185〜）を参照願います。

② 事前準備2　製品ごとの赤字額と赤字合計の計算
「どの製品がどれだけ赤字なのか」現状を調査します。各製品の原価、受注価格、利益を明らかにします。また年間の受注量と利益合計も計算します。

ポイント40　値上げ交渉の前に製品ごとの赤字額とその合計を計算し、年間の受注量と利益合計を計算しておく

計算してみると「大きな売上を占めている大手企業の受注は赤字になっていて、売上の低い中小企業の受注は利益が大きい」ということもあります。

　例えばA社は**図21-2**に示すように、

　　A1製品　　90円赤字
　　A2製品　　300円赤字
　年間受注量は
　　A1製品　　2万個
　　A2製品　　1,000個
のため、年間の赤字は
　　A1製品　　180万円
　　A2製品　　30万円

でした。従って値上げの効果はA1製品の方が高いです。

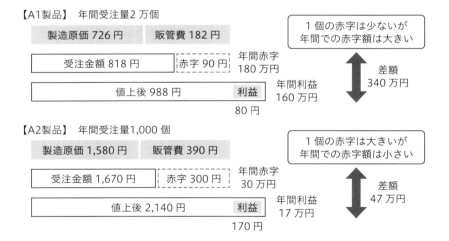

図21-2 ▶ 製造原価、販管費と受注金額、年間受注量

③ 方針決定

次に値上げの方針を立てます。

〈どの製品から値上げするのか〉

失注のリスクと値上げの効果を考えると、2つの進め方があります。

- 初めての値上げ交渉なので、例え失注しても影響の少ない年間売上の低い製品から行う
- すでに赤字が累積し早急な改善が必要なので、失注のリスクがあっても年間の赤字合計の大きな製品から行う

どちらを選択するかは自社の置かれた状況によります。

〈いくら値上げするのか〉

本音は自社の適正価格（見積金額）まで値上げしたいところです。しかし値上げ金額が大きければ取引先から「値上げ金額が高すぎる」と言われてしまいます。（これについては25節を参照願います。）その場合は値上げ金額は「高すぎる」と言われない金額にします。

〈実績を優先〉

どの取引先から値上げ交渉を行うか判断する材料として、値上げを認めてくれそうなところから行う考え方もあります。最初に実績ができれば他の取引先と交渉する際「すでに〇社からは値上げを受け入れていただきました」と言えば、交渉が進めやすくなります。

 値上げ実績をつくるため、受け入れてくれそうなところから行うとよい

④ 事前連絡

ある日、値上げした見積を持って来て「次からこの価格でお願いします」と言われれば、取引先も感情的になってしまいます。そこで以下のような内容を事前に口頭で伝えます。

- 〇〇が上がって採算が合わない
- 現状の価格を維持するために努力したが値上げをお願いせざるを得な

い

- 対象製品と値上げ金額の資料を〇日に持参する

　そうすれば取引先も上司に報告し、部署内でも値上げの情報を共有します。なぜなら仕入先からの値上げを認めれば、取引先自身も製品の値上げや自分たちの取引先と値上げ交渉をしなければならないからです。

⑤ 値上げ資料の作成

　取引先に提出する値上げ資料をつくります。この値上げ金額の明細については第1章13節（P.73〜）で説明しました。この値上げ資料は以下の点に注意します。

- 適切な原価が計算され、値上げの根拠が明確になっている
- 説明や数字に矛盾がない
- 購買の担当者が容易に理解できる内容で、そのまま上司や他部署に回せる

　値上げをお願いする時は他の仕入先も値上げを要請している可能性があります。そうなると取引先の担当者は多くの資料を精査しなければなりません。内容があいまいだったり、不十分だったりすれば、担当者は都度確認しなければなりません。担当者が忙しければ確認が必要な値上げ案件は後回しになってしまいます。

⑥ 交渉準備

　交渉の前に、取引先への説明、競合の情報、妥結金額などの準備を行います。
〈取引先への説明と、説得への反論の準備〉
　事前に値上げ資料をどのように取引先に説明して納得してもらうのか、説明のプランを立てます。そして取引先からどのような反論や要求が出るかを想定し、それに対する反論を考えておきます。この詳細は第3章29節

（P.163〜）を参照願います。

　可能であれば、社内で交渉のロールプレイ（リハーサル）を行います。取引先の購買担当者は多くの仕入先と交渉を行っています。一方こちらは値上げ交渉の機会は多くありません。つまり取引先とは交渉スキルに大きな差があります。そのスキルの差を埋めるためにもロールプレイは有効です。

〈代案の準備〉

　取引先が値上げを受け入れられない場合を考えて、可能であれば代案を用意します。例えば、公差の変更や検査基準を変えるなどのコストダウンの提案です。これについては第3章32節（P.174〜）を参照願います。

〈情報収集（転注の可能性）〉

　転注の可能性について情報を収集します。値上げをお願いすれば「値上げするなら○社に転注する」と言われるかもしれません。実際は、○社は規模が小さく品質管理、納期対応や安定供給に問題があるかもしれません。そこでこういった競合の情報を収集しておきます。競合の○社を外から見るだけでもいろいろなことがわかります。この転注については27節を参照願います。

〈妥結点の予想〉

　交渉結果を予測し、妥結点を予想します。値上げが100％認められれば問題ありませんが、100％未満だった場合、目標金額に対して

- 値上げ金額が○円以上（○円は自社で決定）
   妥結する。
- 値上げ金額が○円未満
   回答を保留する、あるいはお断りする。
   当面は受注を落とせないので継続する。他の受注が増えればお断りする。

ポイント 42　値上げ交渉の妥結点を予想しておく

⑦ 交渉本番

　値上げ交渉の本番では、「値上げを受け入れれば、今度は自社が値上げしなければならない」という相手の立場も尊重します。その上で「値上げ金額は適正価格」であることを主張して、値上げに理解を求めます。

　最後に「○日までに回答をいただけないでしょうか」と期限を切ります。期限を過ぎて回答がなければ催促します。

⑧ 交渉後のフォロー

　もし値上げが認められずお断りする場合も、改めて訪問し、

- 取引先の希望価格に対してどれだけ乖離があったのか
- 転注先
- 転注先の価格や品質

などを聞きます。

　そして「今後は取引先の希望価格に沿えるようにコストダウンに努力する」と伝えれば、取引先との関係が悪化するのを防ぐことができます。

　注意点として、値上げ交渉は利益が減って困っているから行うわけです。そのため経営者が交渉に行く場合は、会社のライトバンで行くことをお勧めします。もし乗ってきた高級車を取引先の担当者に見られれば交渉にはマイナスです。意外なところまで取引先は見ています。

22 社員がなかなか値上げを進めない

　前節で説明した手順を社員に伝えて値上げ交渉を指示しました。ところがなかなか値上げが進みません。なぜでしょうか。

　実は営業にとって値上げ交渉はやりたくない仕事なのです。営業は注文を取ってくるのが仕事なのに、値上げは失注する可能性があるからです。

　他にも値上げが進まない原因は、製造業を取り巻く環境が変わったためです。

 時代環境の変化を担当者レベルで意識する

　売上が右肩上がりだった時代、大切なのは受注を増やすことです。受注が増え売上が増えれば利益は増えます。値引きして安く受注しても利益は増えます。重要なのは失注しないことです。

　しかし売上が右肩下がりになると、固定費の比率が高くなり利益は減少します。老朽化した設備の更新も難しくなります。この場合、売上を維持するだけでなく、利益の確保も重要です。1つひとつの受注の利益が少なければ、会社全体の利益も少なくなります。

　その一方で、受注が大きく減少すれば固定費が回収できず赤字になります。その場合、値引きしてでも受注を増やして、少しでも固定費を回収しなければなりません。つまりこのような環境下では、売上に応じてアクセル（値引きしてでも売上を維持）とブレーキ（値引きしないで利益を確保）を踏み分ける必要があります。

　しかも様々な費用が上がっています。担当者の「これぐらい値引きしても儲かるだろう」という感覚で受注すれば赤字なってしまうかもしれません。

　実際、ある会社では営業担当者は製造原価の10％を「販管費＋利益」として見積もりしていました。しかし実際の販管費は製造原価の30％も

ありました。売上の減少に従い販管費の比率が高くなっていたのです。しかし担当者はそれに気づきませんでした。最初から赤字の見積をつくっていたのに誰もわからなかったのです。

ポイント 44 値上げ交渉の判断は社長の仕事

　営業が「利益よりも売上」という意識の場合、値上げ交渉は難しくなります。「失注するかもしれない」値上げ交渉は、「売上を増やす」というこれまでの活動とは真逆の活動だからです。実際は例え数件失注してでも値上げをしなければ会社が立ち行かなくなるという状況かもしれません。しかしこのような判断は経営者でなければできません。
　そこで準備は社員に任せても、最初の取引先との交渉は経営者が行います。経営者が粘り強く取引先と交渉して結果が出れば、その後は社員に引き継ぐことも可能です。

ポイント 45 実際の値下げ交渉を社員が対応すれば一旦保留できる

　一方、取引先からの値下げ要求（コストダウン要求）に回答しなければならない場合、経営者でなく社員が対応します。社員であれば要求が厳しく不利な場合、「私の一存では決められないので、一旦戻って社長と相談します」と回答を保留できるからです。一旦保留すれば、社内でじっくりと検討し、不利な条件を回避できるかもしれません。しかし経営者が交渉の場にいれば、経営者は最終決定権者なので回答を保留できません。

23 アワーレートが高いと言われたがどうすればよいのだろうか？

　13節の値上げ資料には、アワーレートや製造時間まで書かれています。しかし本当はこれらは書かない方がよいのです。なぜなら取引先が考える数値と自社の算出基準が違うことがあるからです。

　例えば、値上げ資料を見て「アワーレートが高すぎる」と取引先が言いました。しかし、それは本書の方法で計算した、先期の費用に基づいた自社の適正なアワーレートでした。なぜ、取引先はアワーレートが高いと思うのでしょうか？

　アワーレートについて以下の3つの誤解があるからです。
　① アワーレートは間接費を含まない
　② 稼動率は100％
　③ 減価償却が終われば設備はタダ

誤解① 取引先はアワーレートに間接費は含まないと考えることがある

　まずは、①の取引先が「アワーレートは人や設備の直接費用を直接時間で割ったもの」と考えている場合です。それは直接製造費用のみで計算したアワーレートのことです。しかし本書で使用するアワーレートは、間接製造費用を含んだ「アワーレート間」です。

　例えばA社、NC旋盤の現場で、直接製造費用のみのアワーレートと間接製造費用を含んだアワーレート間を**表23-1**に示します。

表23-1 ▶ A社　NC旋盤のアワーレート

(単位：円/時間)

	直接製造費用のみ	間接製造費用も含む
アワーレート（人）	2,380	3,150
アワーレート（設備）	700	1,470
アワーレート（人 + 設備）	3,080	4,620

　もし取引先の担当者が、「アワーレートは直接製造費用のみで計算する」と考えていれば、値上げ資料のアワーレートを高すぎると感じます。計算の前提条件が違うため議論がかみ合いません。

　これはどちらが正しいということはありません。もしアワーレートを直接製造費用のみで計算した場合、見積には別途、間接製造費用を付け加えます。例えばA社、NC旋盤の場合、

・直接製造費用のみのアワーレート（人 + 設備）：3,080 円/時間
・間接製造費用を含んだアワーレート間（人 + 設備）：4,620 円/時間

比率を計算すると

$$比率 = \frac{アワーレート間（人 + 設備）}{アワーレート（人 + 設備）}$$

$$= \frac{4,620}{3,080} = 1.50$$

1.50、つまり間接製造費用を含んだアワーレートは、直接製造費用だけのアワーレートの1.5倍です。取引先の工場が直接製造費用だけのアワーレートで原価を計算している場合、さらにその50％を間接製造費用として加えなければなりません。残念ながらアワーレートに関してそこまでわかっている購買の担当者は多くありません。

　仕入先のアワーレートがいくらなのかは、見積査定において重要です。しかしアワーレートはわからないことが多いため、よく1秒1円、つまり1時間3,600円とします。しかし間接製造費用の割合は企業によって変わ

ります。14節で述べたように、規模の違うA社とB社でアワーレートは大きく変わりました。

しかも人件費や経費は年々上がっています。つまりアワーレートは年々変わっているのです。

誤解② 取引先は稼働率は100％と考えることがある

他にも取引先とアワーレートの考えが違ってしまう原因として、取引先は稼働率100％と考えていることがあります。

アワーレートを計算する際は、第1章2節（P.6〜）で述べたように、お金を稼いでいない時間（非稼働時間）の費用もアワーレートに入れるため、就業時間に稼働率をかけています。図2-1（P.7）を**図23-1**に再掲します。

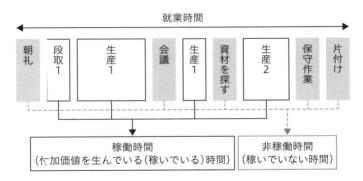

図23-1 ▶ ある作業者の1日

一般的には1日現場に入っている作業者でも稼働率は80〜95％です。しかし取引先が稼働率100％と考えれば、アワーレートはその分低くなります。

例えばA社、NC旋盤の現場で稼働率80％と100％を次に比較します。

アワーレート間（人）
　　稼動率0.8：3,150円／時間
　　稼動率1.0：2,520円／時間

アワーレート間（設備）
　　稼動率0.8：1,470円／時間
　　稼動率1.0：1,180円／時間

　稼動率によってこれだけアワーレートは変わります。取引先の工場の管理者も稼働率100％を基準に考えていれば、アワーレートの計算に稼働率を入れるとは思いません。そして購買の担当者が参考までに自社の工場のアワーレートを管理者に聞けば、稼働率100％の値が返ってきます。

　しかし実際は生産していない時間も費用は発生しています。その分の費用も見積に含めなければ赤字になってしまいます。しかも現場の稼働率は量産工場と多品種少量生産の工場では大きく違います。実際の稼働率が80％であれば、稼働率80％で計算した原価が「適正価格」です。

　ただしこのことを取引先に説明すると「なぜ作業者が手待ちや会議している費用もこちらが負担しなければならないんだ」と言われてしまいます。つまり原価に含まれるのは真実ですが、取引先の理解を得るのは難しいのです。

ポイント48 　誤解③ 取引先は減価償却が終われば設備はタダと考える

　法定耐用年数を過ぎれば設備の減価償却費はゼロです。アワーレート（設備）を計算する際の設備の費用はランニングコストだけになります。

　しかし本書では、第1章3節（P.10〜）で述べたようにアワーレート（設備）の計算には、将来の更新を考えた「実際の償却費（購入金額を本当の耐用年数で割った金額）」を使用します。**図23-2**に第1章3節（P.14）の図3-3を再掲します。

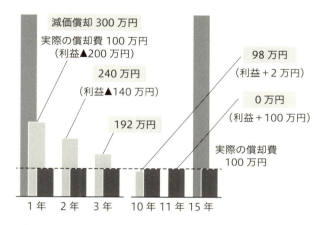

図23-2 ▶ 設備を更新すれば新たな減価償却が発生

　A社、NC旋盤の現場は、購入金額1,500万円、本当の耐用年数15年なので、実際の償却費は100万円（図の破線ライン）でした。

　4台とも減価償却が終わっている場合、設備の費用はランニングコスト23.2万円のみです。アワーレート間（設備）は以下のようになります。

アワーレート間（設備）

$$= \frac{直接製造設備の費用合計 \ + \ 間接製造費用分配}{直接製造設備の稼働時間合計}$$

$$= \frac{((0 \ + \ 23.2) \times 4 \ + \ 544) \times 10^4}{2,200 \times 0.8 \times 4} = 905 ≒ 900 \ 円/時間$$

アワーレート間（設備）
実際の償却費：1,470円／時間
償却費ゼロ：900円／時間（▲570円／時間）

　償却費をゼロとした場合、アワーレート間（設備）は、570円／時間低くなりました。

しかし設備の更新時期が来れば、そのための資金が必要です。そのためには毎期お金を残して、更新時点で必要な資金が内部留保されているか、新たに借入できるだけの自己資本が必要です。そう考えれば減価償却が終わった設備も費用はゼロではないのです。

ポイント 49 アワーレートの値は計算する条件によって違う

　アワーレートはこのように計算する条件によって大きく違います。アワーレートが高いか低いかは、どのような条件で計算するのかで変わるのです。

　「稼働率を入れること」や「実際の償却費を使うこと」は、これまで述べたように正しいです。ただし、これを取引先に理解してもらうには、「なぜそうなのか」を理解してもらう必要があります。これはなかなか大変です。

　もし取引先の理解が得られず、しかも見積の明細にアワーレートを記載しなければならなければ、取引先が考える条件に合わせてアワーレートを変えざるを得ません。しかし見積金額は変えないように他の数字を調整します。

　アワーレートに関してはこのような問題があるため、できれば見積書の明細には入れたくないところです。

24 販管費や利益が高いと言われたがどうすればよいのだろうか？

取引先から見積書の販管費（管理費）や利益が高いと言われました。「管理費は5％、利益は2％」と言います。これでは赤字です。

ポイント50　適正な販管費は会社によって違う

販管費とは、会社で発生する費用のうち製造に直接関係しない費用です。この販管費は、販売費と一般管理費に分けられます。

　　販売費：商品や製品を販売するための費用
　　　　　　具体的には、販売費は、営業の人件費や社用車の費用、取引先への発送運賃や広告宣伝費など
　　一般管理費：会社全般の業務の管理活動にかかる費用
　　　　　　　　事務、経理などの人件費、役員報酬や旅費交通費など

実際は事務や経理の仕事の大半は、工場で発生する費用に関するものです。製造に直接関係しなくても事務や経理がなくては、工場は成り立ちません。販管費と製造原価は、会計上の扱いが異なるため、分けて計上しますが、実際はどちらも製造に不可欠な費用です。

近年は事務や経理などが増えて、中小企業の販管費も増加しています。平成21年度発行「中小企業実態調査に基づく経営・原価指標」によれば、中小企業の製造業の販管費の平均は18.1％です（**表24-1**）。

中小企業の場合、会社の規模が大きくなると販管費の比率は下がることがあります。逆に研究開発に多額の費用をかけている会社では販管費の比率が高くなります（研究開発費を販管費としている場合）。

ところが取引先の規模が大きい場合、販管費の比率が低くなります。例えば、トヨタ自動車（株）の売上高に対する販管費の比率は12.3％（2022年3月は）、（株）アイシンは7.5％（2022年3月は）でした。そうなると、

仕入先の販管費が20％以上もあることはなかなか理解してもらえません。

表24-1 ▶ 中小企業の販管費と利益率

(単位：％)

	製造業平均	卸売業平均	小売業平均
販管費	18.1	14.2	29.7
利益率	3.3	1.4	0.4

〔出典　平成21年度発行「中小企業実態調査に基づく経営・原価指標」〕

しかも発生した費用が製造原価か、販管費かは、経理や会計事務所の判断で変わります。例えば図24-1に示す人材派遣費、車両費、運賃などは会社によって製造原価だったり販管費だったりします。

図24-1 ▶ 製造原価と販管費

また取引先が販管費でなく「管理費」と考える場合もあります。

第 3 章 ● 値上げ交渉の悩みに急いでお答えします！

（1）販管費と管理費はどう違うのか？

　管理費は、部材の発注、納期管理、納品に関する費用です。卸売業は商品の価格に対し一定の比率を管理費として、商品の価格に上乗せします。製造業でも外注に依頼したものを取引先にそのまま販売する場合は、仕入金額の〇％を管理費として見積に記載します。この場合、管理費は外注先への発注、納期管理、検品などにかかる費用です。

　しかし工場で製造する場合、製造原価以外の費用つまり販管費はそれだけではありません。工場で働く人の労務管理や支払のために総務、経理の費用が発生します。総務、経理はお金を稼いでいないため、その費用は製造する製品が負担しなければなりません。つまりこれも原価の一部です。

　他にも取引先が管理費を低く考える原因があります。これについて、次のコラム5を参照願います。

（2）利益が高すぎると言われた

　利益は「儲け」ではありません。利益は借入金の返済や将来の設備投資など会社の存続のために必要なお金です。これについては第2章20節（3）（P.120〜）で説明しました。

　自社と比べて取引先の利益率が高くないことがあります。さらに購買の担当者の中には利益は値下げの対象と考える人もいます。しかし自社が存続するためには適正な利益と販管費は不可欠です。もし取引先が低い管理費と利益（中にはゼロ）しか認めなければ、見積金額は変えずに、取引先が認める販管費と利益で見積書をつくるしかありません。この見積書については第1章13節（P.73〜）で述べました。

141

COLUMN • 5
本当の原価を知らない可能性

中には取引先が本当の原価を知らないということがあります。例えば自社工場で製造した部品の原価です。

例えば図で、取引先のA事業部で製造した部品を、B事業部が購入しました。この時の価格はA事業部の工場の製造原価と工場の販管費の合計です。この場合、人事や管理部などは本社のため、工場の販管費は多くありません。

例えば、A工場で製造したC部品は製造原価1,000円、工場の販管費50円（5％）でした。

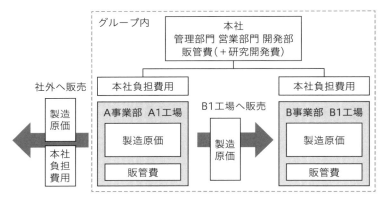

図 ▶ 工場原価と本社費

このC部品を社外に売る場合は、これに本社の費用を加えなければなりません。なぜなら本社で発生する費用は各事業部が分担しなければならないからです。

しかしこのC部品が外販されなければ、図のB1工場の人は社内での売買価格しか知りません。そのためC部品の価格はこの社内売買の価格だと思ってしまいます。この例ではC部品の価格は社内売買価格1,050円です。もしC部品を外販すれば、価格には本社負担費用250円と利益100円が加わり、1,400円になります。

第 3 章 ● 値上げ交渉の悩みに急いでお答えします！

　そしてこの C 部品を仕入先に発注すれば、仕入先の見積には販管費や利益が含まれます。これは取引先にとっては社内売買価格1,050円でなく、本社負担費用も含んだ価格1,400円です。

　私が前職で自分が設計した製品の原価を集計していた時、内製加工品の原価はこの社内売買価格で考えていました。そう考えると内製できるものを社外に発注すれば、外注先の販管費や利益がプラスするため価格は高くなります。つまり理論上は「外注化は高くなる」のです。それでも外注化することで価格が下がるのは、外注先の低い人件費と低い間接費、償却費によるものなのです。

143

25 値上げが高すぎると言われた

　原価を見直したら大幅な赤字だったため、取引先に値上げをお願いしました。「値上げは検討するけど、この金額は高すぎる」と言われてしまいました。

（1）なぜ値上げ金額が大きくなってしまったのか？

　原因は、費用が少しずつ上がっていたのに、値上げができなかったためです。その結果、自社の適正価格と受注金額との乖離が大きくなり、値上げ金額が大きくなってしまいました。

　例えば**図25-1**に示すように、A社はA1製品を5年前に860円で受注しました。この時の販管費込み原価は800円、60円の利益がありました。

　その後5年間で様々な費用が上がり、現在の販管費込み原価は908円です。受注金額860円では48円の赤字です。

　適切な利益を得るには受注金額を988円、つまり128円値上げする必要があります。しかし「860円から128円（15％）も値上げするのは難しい」と取引先に言われます。

144

第3章 ● 値上げ交渉の悩みに急いでお答えします！

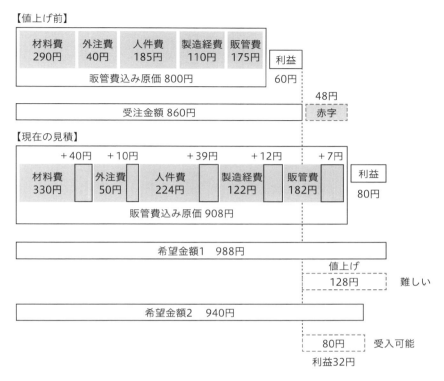

図25-1 ▶ A社A1製品の値上げ金額

（2）適切な値上げ金額は？

　値上げ交渉は取引先の立場も考えなければなりません。仕入部品が値上げすれば、取引先は値上げ分を製品の価格に転嫁しなければなりません。取引先がメーカーの場合、価格を上げれば競合との競争に負け市場シェアを失うかもしれません。

　取引先も下請けだった場合、取引先が自社の顧客と値上げ交渉をしなければなりません。これはより厳しい交渉になります。経済産業省の「自動車産業適正取引ガイドライン」にも、取引先の自動車メーカーに対しティア1の下請け部品メーカー（といっても大企業）が「仕入価格の上昇を価格転嫁できない」、「値上すると次のサプライヤー選定に影響すると言われ

145

た」という事例があります。

こういった背景があるため、取引先も大幅な値上げを受け入れるのは難しいのです。もし大幅な値上げを強硬に要求すれば、取引先は他の仕入先を探し始めます。失注した上に取引先との関係が悪化します。次の受注にも影響します。

ポイント 51 値上げが高すぎると言われたら、適正価格は示すが取引先が受け入れられるであろう金額で交渉する

この場合、必要な金額（適正価格）を提示した上で、値上げ金額は取引先が受け入れられる（と思われる）金額にしておきます。例えば「原価はこれだけかかっているため、本当はここまで値上げしたい。しかし大幅な値上げが難しいことは理解しているので、せめてここまでは上げてほしい」と交渉します。

先のA1製品では、128円値上げするのが難しければ、「本当にお願いしたい金額は988円ですが、急に988円まで上げるのは難しいでしょうから、せめて80円（9.3％）値上げして940円にしてもらえませんか？」と交渉します。図25-1に示した希望金額2です。

940円であれば、赤字は解消し32円の利益が出ます。目標利益80円よりは低いのですが、値上げ前の48円の赤字よりは改善されます。（注意：この金額は考え方の説明のための架空の数字です。実際の金額は自社で決めてください。）

あるいはコストダウンの提案があれば、これも交渉に入れます。これについては第3章32節（P.174～）で述べます。

一方、取引先に納入した製品が消費者に直接販売される場合、値上げが受け入れられないことがあります。これについては、次のコラム6を参照願います。

146

第 3 章 ● 値上げ交渉の悩みに急いでお答えします！

COLUMN ● 6

自社製品の値上げに取引先が応じてくれない

中小企業では、自社で作っているものはOEM（Original Equipment Manufacturer）製品で、それを取引先のブランドで一般消費者に販売している場合があります。大手メーカーや流通が販売している食品などには、中小企業がOEMでつくっている製品が多くあります。こういった製品は原材料や費用が上昇しても、取引先が値上げになかなか応じてくれません。それは今までの販売価格が消費者に「慣習価格」として刷り込まれているからです。

例えば1992年までは缶コーヒーは100円で売られていました。その頃は消費者の頭の中に「缶コーヒー＝100円」というイメージがありました。1992年に10円値上げし110円になった時は高くなったと感じました。そこで競合が100円で販売を続ければ消費者はそちらを買います。取引先は市場シェアが減少し売上は下がります。

そのため缶コーヒーは、1992年に各社が一斉に値上げしました。しばらく経つと消費者の頭の中の「慣習価格」は110円になりました。

こういった慣習価格の影響を受けるため、一般消費者向けの商品は、値上げが難しいのです。取引先は販売量を落とさないようにするために、できるだけ現状の価格は維持したいと考えます。そのためいろいろな工夫をします。例えば、

・大きさ、内容量を減らす

・濃度を減らす

・パッケージを簡素化する

などです。

これをマスコミは「ステルス値上げ」と報道しますが、これは慣習価格を維持するための適切な企業努力です。OEM製品を製造している中小企業も、取引先からこういった商品の開発を依頼されることがあります。

値上げが必要になった場合、取引先からこういった依頼が来る前に、できればこちらから価格を据え置くことができる商品を提案します。その際、少しで

も利益が改善されるように、内容量や濃度、パッケージの簡素化を考えます。取引先からの要請であれば、仕様は取引先が決めてしまいます。しかし、こちらから先に価格を据え置きできる商品を提案すれば、仕様は自分たちで決めることができます。その際、少しでも自社の利益が増えるような仕様にすることができるのです。

26 15年以上前から価格が変わらない製品

15年以上前から同じ価格の製品があります。15年の間に様々な費用が上がっているため今は赤字です。できればやめたいところです。

（1）なぜ採算が合わなくなってしまったのか？

① 原因1：費用が上がっている

15年の間費用が上がっているため、本来は値上げが必要でした。しかし長い間「コストダウンはあっても値上げはあり得ない」という状況だったため、値上げができませんでした。その結果、現在の自社の適正価格と受注金額の乖離が大きくなってしまったのです。

例えばA社、A1製品は15年前に760円で受注しました。当時は販管費込み原価は690円、70円の利益がありました（**図26-1**）。

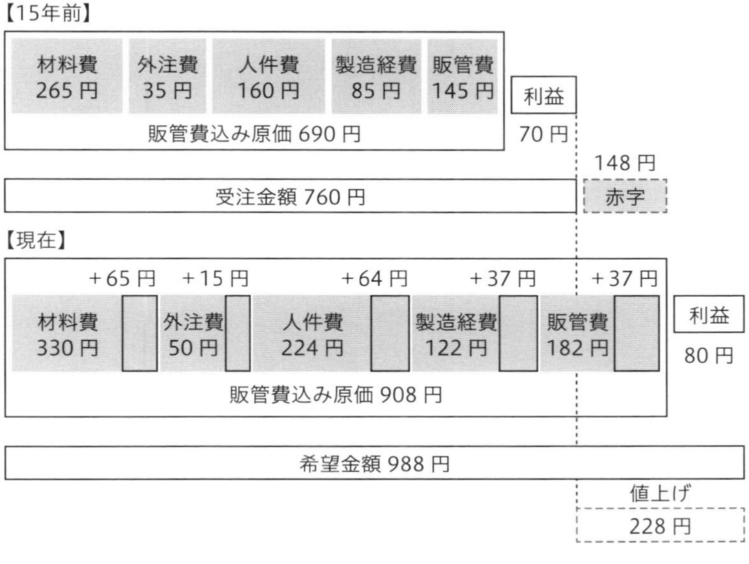

【15年前】

材料費 265円	外注費 35円	人件費 160円	製造経費 85円	販管費 145円	利益

販管費込み原価690円

70円

148円

受注金額760円 　赤字

【現在】

+65円　+15円　　+64円　　+37円　+37円

材料費 330円	外注費 50円	人件費 224円	製造経費 122円	販管費 182円	利益

販管費込み原価908円

80円

希望金額988円

値上げ 228円

図26-1 ▶ A1製品の15年前と現在の原価の比較

149

15 年の間に材料費、外注費、人件費、工場の経費が増えました。その結果、A1 製品の原価は、

- 材料費　：265 円　→　330 円
- 外注費　：35 円　→　50 円
- 人件費　：160 円　→　224 円
- 製造経費：85 円　→　122 円

さらに販管費も増加したため、販管費込み原価は 690 円から 908 円に増加しました。

こう書くと大きな変化に見えますが、年間で平均すれば 14.5 円です。この 14.5 円の値上げが毎年できなかったため、15 年の間に大きな値上げ金額になったのです。

現在の受注金額は 760 円、148 円の赤字です。製造原価は 726 円なので、この受注金額では製造原価はもらえていますが、販管費は 100 ％もらえていません。他に受注がなければ続けるべきですが、他に利益率の高い製品があれば、この製品はやめたいところです。

② 原因 2：ロットが減少

もう 1 つの原因はロットの減少です。15 年前受注した時は、A1 製品は取引先の主力商品で、ロットは毎月 100 個でした。

ところが 15 年の間に A1 製品は主力商品でなくなりました。現在の受注量は毎月 20 個です。そのため原価が高くなっていました。これを**図 26-2**に示します。

第 3 章 ● 値上げ交渉の悩みに急いでお答えします！

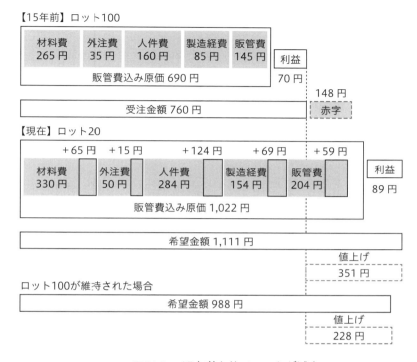

図26-2 ▶ 15年前と比べロットが減少

　これにより販管費込み原価は1,022円に増加しました。必要な値上げ金額は351円です。製造原価は818円、現在の受注金額760円は製造原価も100％もらえません。

　この問題は段取費用も原価に入れていたためにわかったことでした。

　製造原価すらもらえていないため、できればやめたい製品です。どのように交渉すればよいでしょうか。

ポイント
52
長期（15年以上）も価格が変わらない製品は、見積での希望金額を適正価格として、赤字にならないように交渉する

151

取引先から反感を持たれないようにするため、以下のように交渉します。

① 自社の適正価格（今の見積金額）と受注価格に乖離があり、大きな赤字になっていることを伝える。

② 現在の適正価格の内訳を提出する。そして原因として「本来は定期的な値上げが必要だったのに、それができなかったと説明する。

③ その上で「この金額では大きな赤字が継続するため、値段を上げてほしい」とお願いする。

④ 取引先が「急に上げるのは無理」という場合は「段階的に値段を上げてもらえないか」とお願いする。

　たとえ大幅に値上げできなくても、適正価格を提示して、本来はこれだけ必要なことを取引先に示します。できれば「製造原価 + 販管費」はもらいたいところです。

（2）転注の困難さ

　それでも値上げを拒否された場合「この金額では経営が成り立たないので、他にやってくれるところがあれば、そこにお願いしてもらえませんか」とお願いします。

　実際はそう言われても転注は限られます。なぜなら15年前の製品を転注すれば、以下のような問題が起きるからです。

- 仕様や製品のポイントを知っている担当者がもういない
- 図面や仕様にないカンコツがあるため転注のリスクが高い
- 主力製品ではないため、安く調達するのに多くのマンパワーをかけられない
- 転注は想定外の失敗が起きる恐れがある

　「赤字なのでやめたい」というと、取引先の担当者は感情的になるかもしれません。その場合「このような大きな赤字が続くと事業の継続が困難

になる」とこちらの立場を説明して理解を求めます。

　このように値上げ交渉では「転注できるかどうか」がポイントになります。また取引先も「値上げするなら転注する」と言います。では本当に転注できるのでしょうか？
　転注については次節で説明します。

27 転注すると言われたが本当だろうか？

　値上げ交渉で「値上げするなら他に出すよ」と取引先から言われることがあります。本当に転注するでしょうか？
　実は、転注が容易な製品と、そうでない製品があるのです。

> **ポイント 53** （値上げ交渉後の）取引先の転注には、それが容易な製品とそうでない製品がある

① 転注が容易な製品
- 図面や仕様書があればどこでもつくれる（図面に書いてないカン・コツはない）
- 品質や供給能力に問題ない取引先が他にある
- 仕入先が変わっても評価や検証が不要

② 転注が容易でない製品
- 図面や仕様書以外にカン・コツが必要
- 品質や供給能力に問題のない取引先がない
- 仕入先が変われば評価や検証が必要
- 過去に不良やトラブルが起きた

　図面や仕様書にないカン・コツの中には取引先も知らないことがあります。なぜなら図面や仕様書通りにつくっても不良品が出る場合、現場はいろいろと工夫するからです。工程を増やしたり専用の治具をつくったりすることもあり、中には現場の管理者すら知らないこともあります。しかしこういった工夫を取引先に報告しません。
　こういった製品を転注すれば、それまで現場で行っていた工夫が転注先に伝わらず、不良が起きます。

これは私もよく経験しました。アルミ製のある部品はアルマイト処理をしていました。図面指示は切削加工後アルマイトでしたが、外径公差が厳しかったため、仕入先はアルマイト加工後に研削加工で寸法のばらつきを抑えていました。しかしその報告がなかったため図面には記載していませんでした。（第一、アルマイト後に研削加工するとは想像がつきませんでした。）もしこの製品を転注すれば、転注先はこれを知らないため、品質が安定せず困ってしまいます。

他にも過去に不良やトラブルが起きた製品は、転注すれば問題が再発する可能性があります。今の仕入先は過去に不良が起きたため、再発防止をしっかりと行っています。しかし転注先はこの不良を起こした経験がないため、再発防止の重要性がわかっていません。そのため再発防止が徹底されず、また同じ不良が起きてしまいます。実は再発防止策を徹底して継続するのは簡単ではないのです。

少しでも安く調達するため、転注するかどうかは購買が決めます。しかし転注した結果、不良品が納入されれば、購買が責任を問われます。

また仕入先が変わると、取引先で新たに評価・検証や申請が必要なものもあります。これが変化点管理（4M変更管理や3H管理）や設計審査です。これについては次のコラム7を参照願います。

ポイント 54 転注の可能性を見極めて値上げ交渉する

値上げ交渉している製品が「転注が容易な製品」または「そうでない製品」なのかは、こういった情報を収集すればある程度は見極められます。

転注が容易でない製品であれば、取引先の「値上げするなら転注する」という言葉の実現性は低いでしょう。

もし低い価格で受ける仕入先があっても、その仕入先の管理体制が不十分であれば、転注はリスクがあります。例えば、

- 手順書が整備されてなく工程管理が不十分
- 十分な計測機器がなく品質管理が不十分
- 進捗管理の担当者が不足し納期管理が不十分

　このような仕入先に転注すればどうなるかは、購買経験の長い人ならばわかっています。

　一方、転注する気がないのに転注をほのめかして値上げを拒否するのは、国のガイドラインに問題事例として挙げられています。

　では担当者が値上げ交渉に応じてくれない場合、どうすればよいでしょうか。これについては次節で説明します。

第3章 ● 値上げ交渉の悩みに急いでお答えします！

COLUMN • 7

変化点管理と設計審査

　仕入先が変われば品質が変わる可能性があります。これによって不良品が発生するかもしれません。これを未然に防ぐために、変化点管理や設計審査の仕組みがあります。

1）変化点管理①　4M 変更管理

　代表的な変化点管理は 4M 変更管理です。4M とは以下の 4 つのことです。
- ・Man（作業者）
- ・Machine（設備）
- ・Material（材料）
- ・Method（製造方法）

　頭文字の 4 つの M から「4M 変更管理」と呼ばれます。他にも 4M に製品（Product）を加えて、4M ＋ P を管理することもあります。

2）変化点管理②　3H 管理

　4M は品質が変化する要素ですが、品質が変化するタイミングは初めて（Hajimete）、変更（Henkou）、久しぶり（Hisashiburi）の 3 つがあります。3H 管理とは、この 3 つの頭文字をとったものです。

　4M 変更管理（4M ＋ P）と 3H 管理を組み合わせれば、次表のようなマトリックスができます。

表 ▶ 変化点管理の例

変化項目	変化のタイミング		
	初めて	変更	久しぶり
Man （人）	新人	配置転換	職場復帰
Machine （設備）	新規の設備・金型・治具	修理・仕様変更	長期間使用していない設備
Material （材料）	新規の材料	材料・メーカー変更	長期間発注がない材料、長期保管した材料
Method （方法）	初めての製造・検査・管理の方法	製造・検査・管理の方法の変更	長期間実施していない方法
Product （製品）	新製品	設計変更	長期間製造していない製品

この変化点では、問題を未然に防ぐために以下の取組を行います。

　・いつもより入念な検査

　・一時的に抜取から全数検査へ切替

　・製造工程での入念な確認

これらは問題を未然に防ぐために必要なことです。その一方、その分コストがかかります。転注すれば、こういったコストが発生します。

それだけでなく、評価・検証をやり直す場合もあります。例えば、設計検証・審査です。

3）設計審査

新製品の開発は、開発の各段階で、機能・性能・安全性・耐久性・品質に問題がないか評価します。例えば自動車の場合、製品企画から試作、量産試作、量産に至るまでいくつもの段階で評価や検証を行います。

評価した結果は、社内で審査されます。この審査に合格しなければ次の開発段階に進むことができません。これは設計審査（DR：Design Review）と呼ばれます。

図に開発の各段階とDRの例を示します。

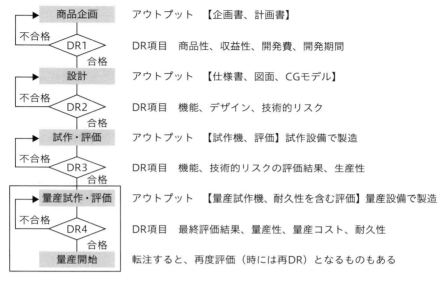

図 ▶ 開発の各段階とDRの例

　この図でDR4が合格し量産開始しても、品質や性能に影響がある部品が変更されれば、再び評価・検証を行わなければなりません。時には再度DRを行います。
　また自動車では、機能や安全性に重大な影響がある部品は重要管理部品に指定されます。重要管理部品に設計変更や仕入先の変更があれば、再度評価・検証を行います。時には実機でのテストや耐久試験をやり直す場合もあります。こういった評価・検証やDRにも多額のコストがかかっているのです。

28 担当者が値上げに応じてくれない

値上げ資料をつくり、取引先のところに行って値上げをお願いしました。しかし「話をしても取り合ってくれない。話題をそらされてしまう」「値上げが資料を持って行こうとすると会ってくれない」といったことがあるかもしれません。これには2つの理由が考えられます。
- 会社の方針として仕入先からの値上げを断るようにしている
- 担当者個人が値上げ交渉を避けている

（1）会社の方針で断られた場合

取引先も**図28-1**のような階層構造のサプライチェーンに組み込まれている場合、仕入先の値上げを受け入れれば、今後は自社が自社の取引先と値上げ交渉しなければなりません。

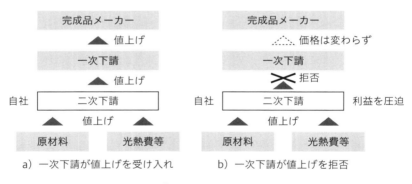

図28-1 ▶ サプライチェーンの値上げ

例えば、自社が図28-1の二次下請の場合、原材料や光熱費が値上げされれば、これに対して交渉の余地はありません。値上げを断れば売ってくれないからです。そのため原価が上がり、取引先の一次下請に値上げをお願いします。取引先は値上げを受け入れれば、今度は自社の納入先（メーカー）と値上げ交渉をしなければなりません。これは厳しい交渉になりま

す。

ポイント 55 サプライチェーンの上流ほど値上げは難しい

　このような構造になっているため、取引先は仕入先からの値上げ交渉を避けているのかもしれません。ただし最近は中小企業庁が価格転嫁に消極的な企業の実名を公表するため、値上げの要請を門前払いすることは少なくなったようです。

　それでも門前払いされた場合は、中小企業庁（下請かけこみ寺）や公正取引委員会にこういった事例を報告します。これを躊躇される方もいますが、問題は発注側と受注側の力の差にあるため、交渉で解決するのは容易ではありません。そのために国もいろいろと動いているので、これを最大限活用します。

(2) 担当者個人が交渉を避けている場合

　企業としては値上げ交渉を受け入れる体制なのに、担当者が動かない場合もあります。これには以下の原因が考えられます。

- 購買は値下げ交渉をする部署のため、値上げは担当者の成果にならない
- 値上げは他の部署との折衝も必要なので面倒
- 他の仕事で忙しい

　仕入先から値上げ要請があれば、担当者は仕入先からの資料を元に値上げの申請の書類をつくり、社内で手続きをします（**図28-2**）。

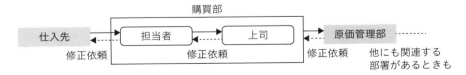

図28-2 ▶ 値上の決済の流れ

しかし仕入れ先の資料に金額しか書いてなかったり、値上げの理由があいまいだったりすれば、上司から書類の修正を指示されます。修正後、書類は、原価管理部署などに送られますが、内容が不十分であれば書類は購買部に戻されます。

　仕入先の値上げ資料の内容が不十分であれば、購買の担当者はその処理に振り回されます。担当者が忙しければ（そしてたいていはとても忙しいのですが）、こうした仕事は後回しになります。

　そのため、取引先に提出する資料は、値上げ金額の明細や根拠を詳しく書き、取引先の担当者がそのまま関係部署に回すことができるものにします。そのために担当者に値上げ資料を見てもらい、不十分な点は指摘してもらって修正します。

　それでも担当者が忙しければ、値上げのような緊急性の低い仕事は後回しになります。その場合は何度か電話したり、直接会って進捗を聞いたりします。

29 取引先との交渉をどうすればよいのだろうか？

　中小企業、しかも製造業の営業にとって価格交渉の機会は多くありません。対して取引先の購買にとって、価格交渉は重要な業務です。交渉の場数も多く踏んでいます。つまり取引先とは交渉スキルに差があります。
　値上げ交渉では取引先は様々な理由で説得してきます。どうすればよいでしょうか。

 取引先の購買は交渉で価格が下がると思っている

　これまで価格交渉した経験から気づいたのは、購入品と加工品は交渉が大きく違うことです。購入品、つまりメーカーの製品の価格には、原価だけでなく開発費や広告宣伝費もあります。そのため購入品を選定する際に競合からも相見積を取って交渉すれば大幅に安く買うこともできます。その代わり一度採用すれば他社に切り替えるのは容易ではありません。最初の選定がとても重要です。つまり購入品の価格は交渉で下がるのです。
　対して加工品はこれまで見てきたように、原価から適正価格が決まります。（ただし仕入先によって適正価格は異なります。）確かに受注が少ない仕入先は赤字価格でも受注します。しかし、これを続けていては会社が存続できません。加工品を安く調達したければ、原価を下げなければならないのです。つまり安くつくる方法に変えなければなりません。
　そのためには、図面や仕様を見直す必要があります。しかし、その権限は購買にはありません。その結果、購買が加工品を安く調達しようとすれば、仕入先の見積に対して、もっと下げるように説得するしか方法がありません。
　一方、加工品は製造工程が複雑でアワーレートもわからないため、取引先は適正価格がわかりません。そこで、過去の実績金額からコストテーブルをつくって見積を査定することもあります。しかし、コストテーブルも

元の金額は過去の実績です。その実績は受注が少ない仕入先がやむなく受注した赤字価格かもしれません。しかも、今は費用が年々上がっています。こうした費用の上昇も反映してコストテーブルをメンテナンスしなければ、コストテーブルの金額は実態と乖離してしまいます。

（1）説得への対応

　この（価格を下げるための購買の）説得にはさまざまな手法があります。説得を駆使した交渉術の研修もあります。この説得の方法には以下のようなものがあります。

- 品質でダメ出し
  この間も御社の不良品で大変なことになり、大変な被害を受けた。その分、今回は価格を協力してほしい。
- 予算の制約
  今回はとても予算が厳しい。これだけしか出せないからなんとか協力してほしい。
- ライバルの価格
  競合のB社は○○円の見積、この値段ではB社に発注する。
- 理由を求める
  ○円でできるはずだ。どうしてこれだけかかるのか説明してほしい。
- オンリーワン
  今回は御社にしか発注しないから○○円にしてほしい。
- 天の声
  この製品は部長が絶対に○○円でできるはずだというので困っている。なんとかこの値段でやってほしい。

　こうした説得は「論理的に低い価格に誘導する」というより、情に強く訴える方法です。交渉で情にとらわれないためには、自社の適正な価格を把握することです。適正な価格がわかれば、自信をもって価格の根拠を説明し説得に反論できます。そのためには適切に原価を計算し、販管費、目

標利益から適正価格を明確にすることです。

ポイント57 取引先の購買側の交渉術に対抗するため、適正価格や最低価格を明確にしておく

また値上げ交渉では
- 人件費上昇により〇円値上げとありますが、この根拠は何ですか？
- 電気代30％上昇により〇円値上げとありますが、なぜ電気代が30％上昇するとこれだけ原価が上がるのですか？
- 消耗工具費20％上昇により〇円値上げとありますが、この製品1個につき消耗工具費はいくらですか？

などと金額の根拠を聞かれます。これについては第1章の人件費は8節（P.40〜）、電気代は9節（P.47〜）、消耗品費は10節（P.54〜）で、値上げ金額の計算方法を述べました。これを取引先に説明します。

さらに第3章33節（P.181〜）で説明するように見積価格だけでなく、これ以上低ければ回答を保留するという最低価格を決めておくことです。

（2）逆提案への対処

説得の一環として、逆に取引先から提案してくる場合もあります。

① バーター

「他の製品と一緒に発注するから安くしてほしい」という提案です。例えば、A1製品はどうしても希望価格（指値）で発注したいので、その代わりに別のA2製品を仕入先の見積金額で発注するというケースです。この場合、A1製品は赤字ですが、A2製品と併せて受注すれば、何とか利益が出ます。

実際は、その後A2製品の受注がなくなって赤字のA1製品だけになってしまうことがあります。そこでこうしたバーター取引も含めて受注する

場合は、このことを議事録に残しておきます。そして将来A2製品がなくなった場合、A1製品を値上げする、あるいは他の利益の出る受注を出してもらうように明記します。

② ロットを大きくするから安くしてほしい

中小ロットの場合、ロットを大きくすれば原価が下がります。ロットを大きくすれば取引先の希望価格でも利益が出るかもしれません。

問題は生産が始まるとロットの大きさが購買の管理外になってしまうことです。ロットの大きさは生産計画に従い生産管理部署が決めます。その結果、当初の約束が守られず、採算の合わない小さなロットで発注されてしまいます。（これは付録で触れる国のガイドラインにも記載されています。）

その場合、見積書に「ロットの大きさが○○以下の場合、価格は○○円」と明記します。そして発注ロットが小さい場合は○○円を要求します。これは元々取引先が提案したことなので、それを守るのは取引先の義務です。しかし、見積書に記載しておかないと、守られなかったときに抗議できません。

このように、顧客から逆提案があって、それを条件に受注する場合は、必ず議事録に残します。さらに見積書にも記載し、自社の営業だけでなく製造や生産管理にも周知します。そうしておかないと納期に間に合わせるために、現場が小ロットで生産してしまうことがあります。

30 どうしたら取引先と良好な関係を築くことができるのだろうか？

　値上げ交渉のような面倒な仕事を取引先の担当者に優先してやってもらうためには、担当者と良好な人間関係を築く必要があります。どうすれば良好な関係を築くことができるのでしょうか？

　担当者にもいろいろな人がいるので正解はありませんが、1つのアプローチとして、価格交渉以外の場面で、担当者がスムーズに仕事ができるように協力する方法があります。例えば納期遅れや不良が起きた時の対応です。

（1）納期遅れの対応

　私の経験ですが、購買の担当者を見ていて、その仕事の多くが「納期確認と督促」でした。本来は納期に間に合わなければ仕入先が連絡すべきです。しかし、中には納期に間に合わなくても連絡しない仕入先もありました。

　例えばA社とB社、2社の仕入先があり（**図30-1**）、

（A社）

　納期に間に合わなければ、その2日前に購買の担当者に「納期に間に合わないこと、予定日が〇日になること」を連絡しました。担当者は、生産管理に新たな納期を伝えて、生産計画を変えてもらいました。

（B社）

　納期に間に合いませんでしたが、B社からは連絡しませんでした。納期を過ぎても納品されないため連絡すると、納入予定日をようやく伝えました。ところがその予定日になっても部品が入りませんでした。生産計画が大幅に狂い、担当者は生産管理や現場から強く非難されました。

　担当者がどちらの仕入先に好感を持つのかは言うまでもないでしょう。

　現実には生産が急激に立ち上がると間に合わないことを承知で発注が押

し込まれることがあります。取引先の生産計画は頻繁に変わり現場は混乱します。そのような時こそ担当者に頻繁に連絡し、スムーズな生産に協力すれば、好感を持ってもらえるのではないでしょうか。

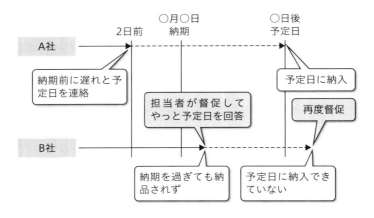

図30-1 ▶ 納期遅れの対応

他にも購買の担当者が他の部署から強く非難されることがあります。それは仕入先が不良品を納入した時です。

（2）不良発生時の対応

取引先に納めた部品が不良品であれば、早急に対処が必要です。急いで不良品を回収し、良品を現場に供給しなければ、生産が止まってしまいます。そこで仕入先が早く問題解決できるように最大限協力します。例えば以下のようなことです。

- 取引先から呼ばれたらすぐに取引先の工場に行く
- 在庫の選別や代品が必要な場合は、直ちに動く
- 不良の原因がわからない場合、原因究明のための調査やテストには全面的に協力する
- 取引先から求められれば、速やかに報告書（対策書）を提出する

不良が起きれば、購買以外に製造、品質保証など取引先の多くの部署が動きます。早く問題が解決できるようにできる限り協力すれば、購買の担当者の負担は少なくなります。逆に在庫の選別や代品の供給に時間がかかれば、生産の再開が遅れ、購買の担当者は他の部署から厳しく非難されます。

私の経験では、「不良を出したこと」よりも、「不良を出した後の対処」で仕入先の評価は変わりました。実際、技術的に難易度の高いものをつくっている仕入先は不良品も出ました。しかし、迅速な対応と再発防止ができれば評価は悪くありませんでした。

一方、仕入先の協力が不十分で問題解決が長びけば、評価は大きく下がりました。

ポイント 58 潜在的な自社の評価は納期遅れ、不良発生などへの対処でつくられる

こうした仕入先の評価は、ISO9001にもあります。仕入先に対して評価項目ごとにスコアをつけて評価を行っている企業もあります。実際は評価項目に基づいて点数をつけても、様々な技術、規模や特徴がある仕入先を一律に評価するのは困難です。

私の経験では、購買の担当者は価格以外にも品質管理能力や供給能力も考慮して、部品の難易度に応じて発注先を決めていました。そこで担当者が何によって仕入先を決めているかと言えば、担当者の過去の経験、つまりイメージでした。このイメージは納期遅れや不良品の対応など、担当者の経験で変わります。つまり日頃の対応によって、好ましい仕入先にも、そうでない仕入先にもなるのです。

31 赤字がひどく断りたい

大きな赤字になっている受注はどうすればよいでしょうか。例えば以下のような理由で赤字になっている受注です。
- 特別価格で対応した
- 以前の見積が甘かった
- 15年以上前から価格が据え置き

ポイント59 特別価格で対応した受注は期限などの提示（要請文）を残しておく

以下の理由で通常よりも低い価格で受注することがあります。
① 取引先の競争が激しく、取引先のある製品だけが大幅な赤字のため、その製品のみ部品の価格の引き下げを要求された
② ある製品だけ原価が大幅に高く赤字のため、その製品の部品だけ安く発注
③ リーマンショックなど外部要因で経営が大幅に悪化したため、一時的な価格引き下げを要求された

これらは取引先の問題です。これを「協力」と称し、仕入先に低い価格を要求するのは問題です。最近は公正取引委員会が厳しいので、これが報告されれば下請法違反と指摘されます。

かつてはこうしたことが行われていて、その価格が今も残っていることがあります。その場合、「あの時コストダウン要請に対応した製品は、その後の原価の上昇に伴って大幅に赤字になっている。何とか値上げしてほしい」とお願いします。その時の要請文があればこれを担当者に見せます。これを見れば担当者は「下請法違反の可能性」を察します。そのため値上げ交渉がやりやすくなります。

従って、取引先からコストダウンや特別価格の要請があった場合、依頼文は必ず保管しておくことです。また担当者から口頭で依頼があった場合も、必ず正式な文書をお願いします。加えて一時的な価格引下げの要請があった場合は、必ず「いつまでですか？」と期限を確認します。見積書に提示された期限を記載して、期限が来れば価格を戻してもらうようにお願いします。

それでも値上げが認められず大きな赤字が続くようであれば、断ることも視野に入れます。

赤字の受注は断っても大丈夫か計算する

赤字が大きな案件を断っても固定費は回収できるでしょうか。断る前にまずこれを確認します。具体的にはその受注がなくなった場合の売上と付加価値の減少を計算します。

例えばA1製品は年間2万個の受注がありました。しかし赤字が大きくできれば断りたい製品でした。

A1製品の単体の受注金額、変動費、付加価値と年間の合計を**図31-1**に示します。

図31-1 ▶ A1製品の1個の利益と年間の売上、利益

受注金額は600円で、適正価格988円に対し388円のマイナスです。

年間2万個受注しているため、年間売上高は1,200万円でした。この変動費は760万円、付加価値は440万円でした。

A社の先期の決算を**表31-1**に示します。

表31-1 ▶ A社の売上高と付加価値

(単位：万円)

	売上高	変動費	固定費	利益
先期	39,000	13,500	24,200	1,300
A1製品を断り	37,800	12,740	24,200	860
A2製品受注	39,800	13,500	24,200	2,100

A社の先期の売上高は3億9,000万円、変動費は1億3,500万円、固定費は2億4,200万円、営業利益は1,300万円でした。

赤字の大きいA1製品を断った場合、売上は3億7,800万円に減少します。変動費も1億2,740万円に減少しますが、固定費は2億4,200万円と変わらないため、営業利益は860万円に減少しました。

一方、生産能力に余裕ができたため、A1製品と原価は同じで、受注金額が1,000円のA2製品（**図31-2**）を年間2万個受注しました。

図31-2 ▶ A2製品

その結果、A2製品の年間売上高は2,000万円でした。全体では売上高は3億9,800万円、変動費は1億3,500万円、固定費は2億4,200万円、営業利益は2,100万円に増えました。

赤字受注が多ければ利益は少なく経営は苦しくなります。赤字受注を

断ってその分利益の多い製品を受注すれば、利益は大きく改善されます。一方、赤字受注を断った分、新たな製品が受注できなければ利益はさらに低くなります。

赤字受注を断る前に適正価格を示して、このままでは事業が継続困難なことを伝えて値上げをお願いする

　赤字受注が利益を圧迫している場合、これを断らなければ新たな受注ができません。しかし断る場合も、まず値上げをお願いします。必要な利益が出る金額を計算し、「現状はこれだけの原価がかかっているため、適正価格まで値上げをお願いできないでしょうか」と交渉をします。

　そこで値上げが受け入れられれば問題はありません。受け入れられない場合は、「会社としてはこの製品は赤字が大きく経営を圧迫している。この利益では、借入金の返済や設備の更新が困難で、事業の継続にも影響している。この価格が受け入れられなければ、申し訳ないが他にできるところに願いしてほしい」とお願いします。こうすれば断るのもやむを得ないことが理解してもらえます。

32 価格以外の交渉材料はないだろうか？

(1) 自社に発注するメリットを訴える

そもそもなぜ社外に発注するのでしょうか。一般的には内製・外製の判断基準は以下のようなものです。

（内製）

　自社工場に余力がある

　短納期、頻繁な納期の変更など外注化すれば管理工数が大きい

　外注化しても自社で検査、調整などの工数がかかる

　外注から運ぶ際に梱包、輸送費用が高い

　高い品質管理、工程管理が必要

（外製）

　自社に設備やノウハウがない

　設備投資をしても十分な生産量がない

　生産量が変動する

　設備投資をしても長期的に生産量があるとは限らない

　付加価値が低く、内製すれば割高になる

　競合に比べて価格が少々高くても「短納期、頻繁な納期の変更に対応できる」「高い品質管理能力、工程管理能力」があれば、それを訴求します。実際に品質が重視されるものは、競合より少々高くても高い品質管理能力の高い仕入先に発注したいことはあります。ただしそれには「そのように思ってもらうための日頃のPR」が必要です。

　一方、取引先の内製加工部門と比較される場合もあります。コラム6（P.147～）で述べたように、内製加工品の価格を取引先が低く考えている場合、その価格を要求されます。現実には将来の事業環境の変化も考えれば、内製できたとしても取引先が設備投資をしてまで内製するのは高いリ

スクがあります。特に高額な設備を使用する製品では設備投資の決定は容易ではありません。そのような場合は、自社に出すメリットを訴えて交渉を有利に導きます。

(2) 代案を提示する

値上げ交渉の争点は「値上げ金額が高いか低いか」です。仕入先の価格を受け入れることは取引先にとっては「交渉に負けた」ことになります。

しかし、価格以外の条件を加えれば、値上げ交渉は「値上げを抑える説得」から、「2案からの選択」に変わります（**図32-1**）。

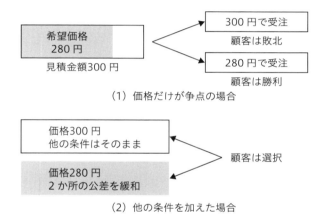

図32-1 ▶ 価格だけを争点とする場合と他の条件を加えた場合

例えば、取引先が希望する価格にするのであれば、図面の変更をお願いします。そうすることで取引先は「図面の変更を受け入れるか」、「仕入先の見積価格を受け入れるか」を選択することになります。

(3) VE提案の例

こうしたコストを下げる提案は「VE（ValueEngineering）提案」と呼ばれます。例えば次のようなものがあります。

① 厳しすぎる検査条件の変更

樹脂成形、プレス加工、切削加工などは加工中に小さな傷がつくことがあり、完全なくすのは困難です。わずかな傷や汚れも不良品とすれば、一定量の不良品が発生し原価が高くなります。取引先の中には組み立て後は見えない部分の傷も不良とするところもあります。

あるいはメーカーは不良品と思っていない傷や汚れでも、一次下請けの取引先が不良品とすることもあります。トヨタ自動車（株）はこれが原価低減の妨げになっている場合、トヨタ自動車自身がその仕入先と直接協議し、品質に問題なければ良品と判定する取り組みも行っています。

他にも取引先の工場の品質管理部や製造部が独自の判断で仕入先に厳しい要求をすることもあります。原因は彼らが「厳しい品質基準を要求しても原価が上がるとは思っていない」、あるいは「原価が上がるのは仕入先の問題で自分たちは関係ない」と思っているからです。

こうした厳しすぎる品質基準が原価を引き上げている場合、品質基準の緩和をVE提案としてお願いします。その際、重要なのは品質基準を緩和することで、歩留がどれだけ向上し、原価がどれだけ下がるのか、歩留や金額を具体的な数値で示すことです。

② 公差の見直し

多くの場合、公差を緩和すれば原価が下がります。理由は

- 不良品が減って歩留が向上する
- 精度を出すために2回行っていた仕上げ加工が1回にできる

などがあるからです。

精度が悪いと品質が不安なため、根拠なく厳しい公差を入れる設計者も中にはいます。私の経験でも、若い設計者は、厳しい公差を入れる傾向がありました。

また公差が±0.03ミリと±0.01ミリで原価は変わらないと思っている設計者もいます。実際は加工時間や歩留が変わるため原価は変わります。

そこで±0.03ミリと±0.01ミリの加工時間を調べ、原価の違いを計算し

ます。そして公差を変えることで、いくら原価が下がるかを計算し、VE提案します。

コストを下げるVE提案は、文書でコストダウン金額も明記して行う

　こうしたVE提案は、事前に取引先と打合せして文書で提出します。文書にはVE提案による具体的なコストダウン金額も記入します。VE提案は技術部署が判定するため、文書を見ただけで採用の可否が判断できるようにわかりやすく書きます。もし不明な点があれば、購買の担当者が仕入先に確認しなければなりません。担当者が忙しければ後回しにされてしまいます。

COLUMN • 8

なぜ品質に対して厳しい要求をするのか

なぜ取引先は品質に対しこれほどまで厳しい要求をするのでしょうか。

リコール費用の増加

　それは、多くのメーカーで市場クレームのために多額の費用が発生しているからです。例えば自動車の場合、法令に基づくリコールは2022年度は383件、届け出台数は465万台でした。リコールが増加した背景には、かつて一部のメーカーがリコールすべき内容をリコールせず（リコール隠し）社会問題化したことで、リコールの基準を厳密に適用するようになったこともあります。リコールの原因は、設計起因による不良の他、材料間違いや組立不良など製造起因のものもあります。また最近はソフトウェアの不良によるリコールも増えています。市場で数台の車に問題が起きても、対象を調査した結果、対象台数が1万台になることもあります。部品代と交換に仮に1万円かかれば、リコール費用は1万台で1億円です。自動車メーカーの年間のリコール費用は数千億円にもなります。もし品質問題がなければ、利益は数千億円増えるのです。

　他にも法令に基づくリコールに該当しない品質問題もあります。この場合、トラブルが起きた車をディーラーに持っていくと対策品に無償で交換してくれます。自動車メーカーの内部では日々市場から様々な問題の情報が入り、それに対し対応を協議しています。こうした背景からメーカーは仕入先に対し、品質について厳しい要求をします。

　一方、どれだけ時間と手間をかけてでも品質を良くすればよい、ということにはなりません。品質とコストはトレーでオフの関係があるからです。

品質とコストの関係

　品質を高くするには

178

・より高度な技術、複雑な機構が必要
・より高級な材料、製造設備が必要
・より高度な管理が必要

です。

そのためにコストが上がります。

一方、品質が悪ければ、不良品が増えて、不良品の廃棄や手直しのためにコストが増加します。そこで品質を高めるために発生するコストと品質が低いために発生するコストの合計の最も低い点が最適な品質基準です。これを図に示します。

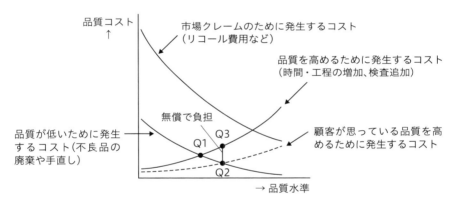

図 ▶ 品質とコストのトレードオフ

この図では2つの曲線の交点Q1が最適な品質水準です。しかし取引先が品質を高めるためのコストをもっと低く考えていると、最適な品質水準は変わります。例えば公差は±0.03ミリでも十分なのに、設計者は心配だからと公差を±0.01ミリにしました。しかしそれでコストがいくら上がるのかがわかりません。また取引先の受入検査がわずかな傷も不良品にすれば、それでコストが上がります。しかしそれを負担するのは仕入先です。

その結果、取引先が品質を高めるために発生するコストをこの図の点線と考えれば、最適な品質水準はQ2になります。実際に発生したコストQ3とQ2のコストの差は、仕入先が負担しているのです。

これを解決するには取引先に「品質を高めるためのコスト」を理解してもらいます。具体的には、その製品の適正な原価を計算し、公差や品質基準が過剰に思われる場合、適切な公差や品質基準にした時にいくら原価が下がるのか計算します。

　もし取引先が現状の公差や品質基準が必要と考える場合は、適正な金額（見積金額）を要求します。もし取引先がもっと低い金額を要求するのであれば、公差や品質基準の緩和を提案します。ひょっとするとこの厳しい公差は、設計者が「大事を取って」決めた公差かもしれません。それが原価を引き上げていることを取引先に説明します。

　これを繰り返すことで「品質を高めるためのコスト」が点線でなく実線であると取引先が実感するようになります。

　ここまでの議論は生産活動での品質とコストです。ところが、製品を販売し、市場で問題が起きれば、前述したように多額の費用が発生します。そのコストは非常に大きく、図の上の曲線になります。そうなると、最適な品質水準はもっと右にシフトします。

　現実には無制限に品質を高めることはできません。またリコールが製造時の品質に必ずしも比例するわけではありません。（車の場合、設計起因のリコールも多いのです）。

　とは言えど、メーカーは多額のリコール費用が発生しているので、品質に関しては取引先から「限りなく良くすること」を求めてきます。しかし、それにはメーカーも相応のコストを負担する必要があります。

33 交渉が苦手

中小企業の営業にとっては、値上げ交渉は多くの業務の一部です。交渉の経験は決して豊富ではありません。つまり、取引先とは交渉力に差があります。そこで、苦手な交渉を乗り切るポイントを説明します。

ポイント63 合意する金額（希望金額）と（回答を）保留する金額を交渉前に決めておく

実際に、相手の出方を見ながら徐々に値段を下げて、可能な限り高い値段で受注するには、高い交渉スキルが必要です。この交渉の場で、受注側、発注側の希望価格と許容できる価格は**図33-1**のようになっています。

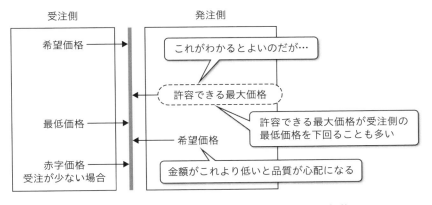

図33-1 ▶ 交渉場面における希望価格と許容できる価格

そこで交渉に入る前に、希望価格（見積金額）以外にも「受注できる最低価格」を決めておきます。もし全体の受注量が少なければ、この最低価格はもっと下の赤字価格の場合もあります。

実は発注側も希望価格以外に「許容できる最大価格」があります。価格がそれ以上高ければ他の仕入先を探します。中には「最大価格 ＝ 希望価

格」になっていて、交渉の余地が全くない場合もあります。もし最大価格≠希望価格であれば、受注側は、取引先の頭の中の「許容できる最大価格」がわかれば一番よいわけです。

　一方、価格が低ければ低いほどよいというわけではありません。希望価格以下の場合、取引先は品質が心配になります。多くの仕入先から相見積を取る際、最低価格は除外する企業もあります。

　値上げ交渉の本番では、希望価格は必要な費用から計算された適正な金額であることを取引先に説明します。そして取引先の認める値上げ金額が自社の希望価格よりも低い場合、相手の目標金額を聞いて最低価格以上であれば受注します。最低価格を下回れば「この金額では私の一存では決められないため、一旦持ち帰って上司と相談させてください」と回答を保留します。

　この時、交渉を有利にするために、取引先が時間の猶予を与えず早急に結論を求めることがあります。「時間がない」「早急に決めてほしい」と言われれば、取引先が希望する低い価格を受け入れざるを得ません。このような場合もできる限り回答を保留します。

駆け引きだけでは信頼を失う

　取引先が交渉に長けた人の場合、様々な駆け引きを駆使して少しでも安くしようとします。その場合も、交渉の根拠となるのは適切に計算した原価です。この金額は自社で発生した費用を元に計算したもので、自社が必要な利益を得るために不可欠な金額です。取引先が駆け引きを駆使して値下げしようとした場合も、これは適正な価格であり、自社にとって必要な金額であることを説明します。

　一方、こちらも相手の足元を見ながら、少しずつ価格を下げると価格の信頼性は低くなります。主張すべきは主張して、相手の主張もよく聞き、値下げの回数は少ない方が、価格の信ぴょう性が高まります。

第 3 章 ● 値上げ交渉の悩みに急いでお答えします！

ポイント 65 恫喝する取引先への対応は社長（あるいは上長）が行う

　かつてパワハラという言葉がなかった頃、仕入先に対し恫喝的な態度で圧力をかける担当者もいました。そのような態度を取られても仕入先は我慢するしかありません。もし担当者がそのような態度を取る場合は、部長や社長が対応します。こういった方は若い人にはことさら強く当たる傾向があるからです。

　恫喝的な対応や暴言がひどく、価格転嫁や値上げ交渉の弊害になっている場合は、公正取引委員会に報告します。優越的な立場を利用して取引先に不当な要求を行うことは、公正取引委員会により規制されています。こういった事例はカスハラ（カスタマー・ハラスメント）と判断される可能性もあります。

183

付　録

国の支援策とその活用

　発注側と受注側を比べると、受注側は立場が弱く、特に下請けの中小企業は「価格転嫁が進まない」、「不利な条件で受注させられる」といったことが起きます。これに対して国は法律やガイドラインの支援策を提供しています。
　この支援策には何があり、どう活用すればよいのでしょうか。

（1）国の支援策の種類

　国の支援策は以下のようなものがあります（いずれもネット上に資料あり）。

① 法律

- 下請代金支払遅延等防止法（以降、下請法）

② ガイドライン等

- 下請適正取引等の推進のためのガイドライン（以降、ガイドライン）
- 中小企業・小規模事業者のための価格交渉ノウハウ・ハンドブック（以降、価格交渉ハンドブック）
  - ・［改訂版］中小企業・小規模事業者の価格交渉ハンドブック（改訂、令和6年2月）
  - ・労務費の適切な転嫁のための価格交渉に関する指針（令和5年11月）

　下請法は「発注先がやってはいけない禁止事項」を定めた法律です。違反すれば公正取引委員会から勧告や罰金が課せられます。

　一方、ガイドラインに罰則のような強制力はありません。しかしガイドラインには国が考える「望ましい取引事例」と「望ましくない取引事例」が記載されています。取引先からガイドラインの望ましくない取引事例に該当するような要求があれば、ガイドラインに抵触する旨を間接的に伝えて牽制できます。実際にガイドラインに抵触するようなことがあれば中小企業庁や公正取引委員会に報告します。

　一方、受注側がこうした支援策を活用するためには、その中身を知っている必要があります。そこで以下に概要とポイントを説明します。

　（原文は言い回しが難しくわかりにくいため、わかりやすくなるように表現を変えています。）

(2) 下請法の概要

　親事業者（発注先）が下請事業者（仕入先）に製造やサービスを委託した時に、親事業者の義務と禁止事項を定めた法律です。

　違反すれば、罰金や公正取引委員会の勧告措置が定められています。勧告措置を受けた場合、違反した企業は、社名、違反内容がホームページで公開されます。

　この下請法は**図付録-1**に示す4つの義務と11の禁止行為が定められています。

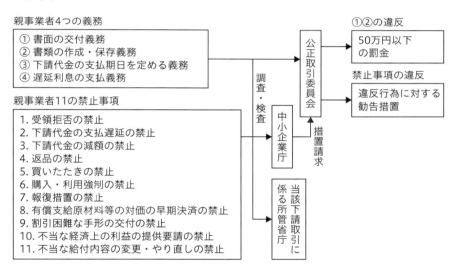

図付録-1 ▶ 下請法の概要

　下請法には、親事業者の4つの義務と11の禁止事項があります。

【親事業者の4つの義務】

① 書面の交付義務

　　発注の際は、直ちに3条書面を交付すること。

② 支払期日を定める義務

下請代金の支払期日を給付の受領後60日以内に定めること。

③ 書類の作成・保存義務

　下請取引の内容を記載した書類を作成し、2年間保存すること。

④ 遅延利息の支払義務

　支払が遅延した場合は遅延利息を支払うこと。

【親事業者の11の禁止事項】

① 受領拒否（第1項第1号）

　注文した物品等の受領を拒むこと。

② 下請代金の支払遅延（第1項第2号）

　下請代金を受領後60日以内に定められた支払期日までに支払わないこと。

③ 下請代金の減額（第1項第3号）

　あらかじめ定めた下請代金を減額すること。

④ 返品（第1項第4号）

　受け取った物を返品すること。

⑤ 買いたたき（第1項第5号）

　類似品等の価格又は市価に比べて著しく低い下請代金を不当に定めること。

⑥ 購入・利用強制（第1項第6号）

　親事業者が指定する物・役務を強制的に購入・利用させること。

⑦ 報復措置（第1項第7号）

　下請事業者が親事業者の不公正な行為を公正取引委員会又は中小企業庁に知らせたことを理由としてその下請事業者に対して、取引数量の削減・取引停止等の不利益な取扱いをすること。

⑧ 有償支給原材料等の対価の早期決済（第2項第1号）

　有償で支給した原材料等の対価を、当該原材料等を用いた給付に係る下請代金の支払期日より早い時期に相殺したり支払わせたりすること。

⑨ 割引困難な手形の交付（第2項第2号）

付録 ● 国の支援策とその活用

一般の金融機関で割引を受けることが困難であると認められる手形を
交付すること。
⑩ 不当な経済上の利益の提供要請（第2項第3号）
下請事業者から金銭、労務の提供等をさせること。
⑪ 不当な給付内容の変更及び不当なやり直し（第2項第4号）
費用を負担せずに注文内容を変更し、又は受領後にやり直しをさせる
こと。

詳細は公正取引委員会のホームページ、または中小企業庁のホームペー
ジを見てください。

（3）下請法に違反した場合

下請法に違反し公正取引委員会から勧告を受けた場合、社名、違反内容
が公正取引委員会のホームページで公開されます。2023年度に勧告を受
けたのは13件（12社）で、主に下請代金の減額や金型の無償保管でした。
また2024年3月には日産自動車株式会社が「割戻金」として計30億円を
下請けに対し減額し下請法違反として勧告を受けました。

他にも公正取引委員会は親事業者に対し指導を行い、指導件数は、
2022年度は8,665件でした。こうした地道な活動により最近は取引先も理
不尽な要求をしにくくなっています。より公平な取引を実現するために
は、取引先から理不尽な要求を受けた場合は積極的に公正取引委員会に報
告することをお薦めします。

（4）下請法の活用の例

取引先との交渉で下請法を活用する例を以下に説明します。

① 受領拒否の禁止

「下請事業者に責任がないにもかかわらず、給付の受領を拒むこと」

189

取引先の納期に間に合わせるため調達に時間がかかる資材を先行して手配することがあります。できれば内示を書面でもらうのが望ましいのですが、「内示では間に合わない」、「内示分では少ない」ために仕入先が独自に判断して手配することがあります。あるいは仕入先が独自に判断して在庫を持つこともあります。

【問題】

　生産が順調であれば問題ありませんが、リーマンショックのような急激な景気の悪化が起きると生産に急ブレーキがかかります。その結果、先行手配した部材が過剰在庫になってしまいます。

【対応】

　これはガイドラインによれば、取引先が「参考情報」として提示した情報でも、実際に資材の手配や製造の着手につながる場合、参考情報は「事実上の発注」とみなされます。そうは言っても現実には過剰在庫を取引先に引き取ってもらうのは困難です。

　そこで自社の判断で先行手配や在庫する場合でも、取引先と打合せして、「『参考情報』を元に先行手配をすること」を議事録に書きます。そして取引先のサインをもらいます。もし取引先がサインを拒否するようであれば「リードタイムは○日かかるので、納期は受注から○日かかる」ことを書面に残し先行手配はしません。

② 買いたたきの禁止

　「通常支払われる対価に比し著しく低い下請代金の額を不当に定めること」。

【問題】

　「通常支払われる対価に比し著しく低い代金」の解釈が難しいところです。これはガイドラインや価格交渉ハンドブックでは、以下のように説明

付録 ● 国の支援策とその活用

されています。
- 一方的な指値
- 一律・一定率での発注価格の減額（例　コストダウン要請）
- 材料費・加工費・人件費などのコスト増加を無視した価格据え置き

【対応】
　この解釈に従えば、取引先が行う定期的なコストダウン要請、新規案件での指値、値上げの拒否などはすべて買いたたきに該当します。コストダウン要請や指値は根拠がなければ買いたたきになる可能性があります。これを理解した上で取引先との交渉に臨みます。

（5）下請適正取引等の推進のためのガイドライン

　ガイドラインは、親事業者と下請事業者の間の取引において「望ましい事例」と「望ましくない事例」を示すことで、公正な取引を促すことを目指したものです。
　このガイドラインは以下の20の業種について、それぞれ作成されています。
　（1）素形材
　（2）自動車
　（3）産業機械・航空機等
　（4）繊維
　（5）情報通信機器
　（6）情報サービス・ソフトウェア
　（7）広告
　（8）建設業
　（9）建材・住宅設備産業
　（10）トラック運送業
　（11）放送コンテンツ
　（12）金属

（13）化学

（14）紙・加工品

（15）印刷

（16）アニメーション制作業

（17）食品製造業

（18）水産物・水産加工品

（19）養殖業

（20）造船業

　自社の業種が20に当てはまらない場合も、近い業種のガイドラインを読んでおくことをお薦めします。例えば、プレス、切削など金属加工の場合、

（2）自動車

（3）産業機械・航空機等

（5）情報通信機器

この3つを読んでおくことをお薦めします。

（情報通信機器は、受注や書面の交付、支払などがQ&A形式で具体的に書かれているので参考になります。）

　次に「自動車産業適正取引ガイドライン」の事例と、実際の活用について説明します。

① 補給品の価格決め

　自動車は、現行モデルであれば部品は毎月一定量が発注されます。その後、モデルチェンジがあってその部品が生産に使われなくなっても、保守用部品（補給品）として以前より大幅に少ない量で発注が継続します。発注量が少なくても同じ価格であれば赤字になってしまいます。

　ガイドラインでは「少量の補給品を以前と同じ価格で発注すること」は下請法の「買いたたきに該当する恐れがある」と明記しています。

付録 ● 国の支援策とその活用

【実際の活用】

問題は部品の共通化が進み、受注している部品が現行品か補給品か、わからなくなってきたことです。また3つの車種が使用している部品がモデルチェンジによって2車種が使わなくなれば、現行品ですが生産量は1/3になります。

そこで現行品であっても発注量に従って価格を変えるように交渉します。そのためには、ロットの大きさに応じて適切な原価を計算する必要があります。

② 配送費用の負担

仕入先が配送費用を負担する場合、これは管理費に含まれてしまい金額が明確になっていないことがあります。そうなると運賃が上昇して配送費用が増加しても価格に転嫁できません。

あるいは取引先が急に必要になったため、自社の営業がライトバンで納品することもあります。これは余分に配送費用がかかっています。

【実際の活用】

製品1個あたりの配送費用を計算し、管理費とは別に配送費用を見積に記載します。運賃が上がれば、配送費用の値上げを交渉します。

営業が別便で納入した場合は、追加の配送費用を計算し「請求は無理だとは思いますが、今回の件でこれだけかかりました」と金額を示します。そうしないと追加の配送費用はかかってないと取引先は思い、次も別便での納品を要求します。

③ 原材料価格、エネルギーコスト、労務費等の価格転嫁

原材料費、エネルギーコスト、労務費が上昇しているにもかかわらず、一方的に従来の価格を要求することは、下請法の「買いたたきに相当する恐れがある」とガイドラインに明記されています。

【実際の活用】

　これまで述べた方法で、原材料、電気代、消耗品費の上昇による原価の上昇を計算すれば、値上げ交渉が可能です。

　一方人件費の上昇については、最低賃金は年々上がっているため、その分の値上げは交渉が可能です。加えて2023年以降は、物価の上昇のため正社員の賃上げも不可欠となっています。取引先も随時賃上げを行っているため、適正な賃上げは価格転嫁できる可能性があります。その場合も改善など生産性向上の努力をしていることを取引先に説明します。その上で適正な賃上げ分の原価の上昇を計算して値上げを要請します。

　これについては2023年11月には公正取引委員会が「労務費の適切な転嫁のための価格交渉に関する指針」を示しています。このように交渉の背景はどんどん変わっているため、こうした情報を随時収集し、値上げ交渉に活かします。

（6）価格交渉ノウハウ・ハンドブック

　下請法やガイドラインの内容を要約し、実際の交渉場面での事例を記載したものです。取引先と価格交渉を行う際に、下請け企業が適切な事前準備をするための資料として作成されました（現在、2019年10月改訂版）。

　そこで価格交渉の前に、交渉に関係する全員がこのハンドブックを学習します。そして、どういったことがガイドラインや下請法に抵触するのか理解しておきます。またハンドブックが提示するポイントやテクニックも理解して活用します。

　ハンドブックにある「こんな取引条件に要注意！」から、これまでの内容に関係する事例を紹介します。

① 合理的な説明のない価格低減要請

　量産メーカーが行う定期的なコストダウン要請については、「発注者が、自社の予算単価・価格のみを基準として、通常支払われる対価に比べ

付録 ● 国の支援策とその活用

て著しく低い取引価格を不当に定めることは、下請法や独占禁止法に違反する恐れがあります」とハンドブックには明記されています。ここで「著しく低い取引価格」とは何でしょうか。ハンドブックには以下の事例が載っています。

【事例】

　「今年も5％の単価引き下げを頼むよ」、この定期的な5％の単価引き下げは、コストダウンできる具体的な根拠がなければ、「一方的な価格引下げ」として下請法違反の可能性があります。

　「不況時や為替変動時に、協力依頼と称して大幅な価格低減が要求されていませんか」、取引先から「価格協力要請」として、特定の製品や部品に低い価格を要求することも望ましくない取引とされています。

② 大量発注を前提とし単価設定

　取引先との交渉の中で「ロットをまとめて発注するので安くしてください」と要求されることがあります。しかしその後約束が履行されず、予定よりも少ないロットで発注され続けます。

　これは「大量発注を前提とした見積に基づいて取引単価を設定したにもかかわらず、見積時よりも少ない数量を見積時の予定価格で発注することは、下請法や独占禁止法に違反する恐れがあります。」とハンドブックには明記されています。

【事例】

　生産が急増したため納期に間に合わず、分納で納品することがあります。これが継続すれば、常時ロットは小さくなり原価が上昇します。これは上記に該当します。

③ 合理的な理由のない指値発注

　新たな製品を見積もりする際、取引先から価格を指定される（指値）場

195

合があります。指値が低すぎる場合、「合理的な説明をせずに、通常支払われる対価に比べて著しく低い取引価格不当に定めることは下請法や独占禁止法に違反する恐れがあります」とハンドブックには明記されています。

【事例】
　製造業では厳しい原価目標を達成するために低い指値が出ることがあります。その際、品質・供給量の不十分な仕入先の見積を引合いに出して「○社は指値で見積が出ている」と言う場合があります。本当に○社に発注するのか、見極める必要があります。

（7）国の支援策をどう活用するか？

① 取引条件は必ず書面に残す

　公正取引委員会は2022年度は8,665件も指導しています。取引先はこれまでのような無理な要求はしにくくなっています。そこで取引条件は必ず書面化し、相手のサインをもらいます。口頭の依頼は記録が残りませんが文書は残ります。公正取引委員会から指導があった場合、記録があれば担当者の責任が問われます。そのため口頭では言えることも「議事録に残す」となれば「ちょっと待って」となります。

　以下はハンドブックにある書面化の一部です。
- 原材料価格が上昇した際の製品単価への反映
- 一次的な単価引下げに対応する際に、その後、元の取引価格に戻す際のルール・基準
- 見積価格の前提となる発注数量を明確にし、発注数量が一定の水準以上変動した場合は、単価を再設定すること
- 発注者の都合による設計・仕様・納期などの変更が生じた場合、材料費・人件費などの追加費用を発注者が負担すること
- 製品の運送経費について、発着地・納入頻度（回数）などを明確に提示した上で、発注者が負担する輸送料率を記載

② 問題と思われる要求は国に報告

　下請法の違反事例やガイドラインに反する行為は、仕入先の中小企業自身が報告しなければ公正取引委員会はわかりません。こうした問題行為は、取引先企業の方針だけでなく、担当者個人の行動の問題の場合もあります。

　実際には仕入先から取引先への理不尽な要求や問題行動の報告があっても、すぐに公正取引委員会が企業に調査に入ることはないと聞いています。公正取引委員会は日頃からこうした情報を収集し、時機を見て問題の多い企業に調査に入ります。そのためどの仕入先から報告があったのか取引先はわかりません。

　これは取引先の問題行為を告発するのではなく、仕入先が是正できない取引先の問題行動を仕入先に代わって国に指導してもらうことです。取引先と仕入先には力の差があるため、こうしなければ取引先の問題行動を変えることができません。

　こうして取引先の理不尽な要求や不当な値下げを各社が報告し、公正取引委員会が勧告し、経済産業省が価格転嫁状況を公表することで公正な取引の実現に向かいます。

③ そのためには社内での勉強会を開く

　そのためには法律やガイドラインを読んで「どのような要求が下請法やガイドラインに抵触するのか」理解しておく必要があります。下請法やガイドラインは、立場の弱い中小企業が自らを守るための武器なのです。

　一方法律やガイドライン、ハンドブックなど情報はとても多くあります。そこでお薦めは社内の勉強会です。法律やガイドライン、ハンドブックをテキストとして「取引先と交渉する際に知っておくべき内容」を勉強します。そうすれば何が違反事例なのか全員がわかるようになります。

COLUMN ● 9

交渉力を高めるには

　取引先は「発注」という権限があるため、値上げ交渉は有利です。そこで少しでも交渉力を高めるには、以下のアプローチがあります。

① オンリーワン

　他社ができない技術やノウハウがあれば、そうした技術が必要な製品は他社に発注できず値上げ交渉は有利になります。これは特別な技術でなくても、取引先の仕入先（サプライチェーン）の中で、他の仕入先ができなければ十分です。

　自主的に技術開発してこうした技術を手にするのは簡単ではありません。しかし取引先で何か問題が起きて、それを解決するために自社で創意工夫すれば、それは自社独自の技術やノウハウになります。もしそのような機会があった場合、苦労して解決したノウハウの中で「肝心なところ」は取引先には教えないようにします。

② ブラックボックス化

　同様に取引先が知らない工法は取引先は原価がわかりません。安く調達するには相見積を取るしか方法がありません。ブラックスボックス化するためには、常に新しい技術や工法をウォッチして積極的に取引先に提案します。

　私の経験でも、仕入先から私の知らない表面処理や加工方法を提案されたことがありました。今よりも安く性能の高い製品をつくるためには、今までのやり方では不十分なため、より抵抗の少ない表面処理方法や設計者の思いつかない加工方法を提案してもらえたのはありがたかったです。ただし原価は、仕入先の見積を信じるしかありませんでした。

③ サービス強化

　このように新しい表面処理や加工方法を提案された場合、テストが必要で

付録 ● 国の支援策とその活用

す。取引先はテストピースを作成し、評価しなければなりません。テストピースの作成には加工設備が必要な場合もあります。従って仕入先の協力が不可欠です。

このテストピースの作成や実験費用の支払いは、手続きが面倒で、時には稟議書が必要だったりします。そこでテストピースの作成や実験を無償で行えば、開発の担当者はとても助かります。そして実験がうまくいって新しい表面処理や加工方法が採用された場合、実験に協力した仕入先に声がかかります。

この時、重要なことは、お金はもらわなくてもテストピースの作成や実験の費用の見積を出すことです。そして「○○円かかりますが、今回は無償でやらせていただきます」とします。見積の金額は取引先担当者の心理的な「貸し」になります。

そのためには取引先の購買だけでなく、設計や開発の担当者と親密な関係をつくることが大切です。私の経験では、ある仕入先は私の書いた図面に対して、「加工上難しいところがあるので、図面の意図を教えて欲しい」と何度か相談にきて、そこから親密な関係を構築していました。設計する側も加工に詳しい人に聞きたいことがあり、その場合はその仕入先に相談するようになりました。

またある仕入先は、取引のない会社に営業にいく際は「安くつくるためにいろいろ提案したいので、技術に会わせて欲しい」と直接お願いしました。そうすると会わせてくれました。

④ 最強の交渉力

最強の交渉力は「断る」ことです。受注が十分にあれば、値上げが認められなければ、無理して受注する必要はありません。

ある会社は取引先の大手企業から何度も値下げを求められ、その製品は利益がほとんどありませんでした。そこで「断る」覚悟で値上げ交渉をした結果、交渉は決裂しました。

ところがしばらく経って値上げを認めるので取引を継続したいという連絡が

ありました。他にこの価格でつくってくれる仕入先はなかったのです。

　この会社が「断る」覚悟で交渉できたのは、他の取引先から十分な売上があり、失注しても何とかやっていけたからです。

　そうなるためには新規開拓を行い、１社への依存度を下げなければなりません。言うのは簡単ですが実行するのはとても大変です。しかも新規開拓は成果が出るまでに長い年月がかかります。その間、売上はなかなか増えません。それでも時間をかけて１社の依存度を減らすことができれば、値上げ交渉はとても有利になります。

あ と が き

　ここまで、費用の上昇による値上げ金額の計算方法、値上げ資料の作り方と値上げ交渉について説明しました。また原価やアワーレート、販管費など、発注側と受注側の考え方の相違や誤解についても解説しました。私が経験したことやクライアントで起きたことを元に書いたため、すべてに当てはまるとは限りませんが、皆様の値上げ交渉の参考になれば幸いです。

　値上げ交渉を円滑に進めるには、値上げ金額を把握しなければなりません。そのためには、個々の製品の原価を計算する仕組みが必要です。しかし大企業が行っている複雑な原価計算は中小企業にとっては困難です。

　そこで本書では中小企業が運用できるように、簡便な方法で間接費を配賦し、実際の現場の人と設備の組合せに沿って原価を計算しています。ただし本書の原価計算（第1章）は、値上げ計算を理解していただくための最小限の内容に留めています。より詳しく知りたい場合は、拙著「中小製造業の『製造原価と見積価格への疑問』にすべて答えます！」（日刊工業新聞社刊）をご参照ください。

　また、弊社（（株）アイリンク）では、この原価計算の手法をシステム化した低価格の原価計算システム「利益まっくす」を開発し、販売しています。ご関心のある方は弊社ホームページ（著者略歴）をご参照願います。

　自分のこれまでの経験から、コストは8割が設計で決まってしまうと感じています。そして安く仕入れするためには、交渉でなく、実際に安くつくる必要があります。

　一方、市場はグローバル化しています。特に中国企業は圧倒的な低価格で世界中の市場に参入しています。かつて中国市場では日本製二輪車のコ

ピー製品が市場を席巻していました。これに手を焼いたホンダは、コピーメーカーの1社「海南新大洲摩托車」と提携しました。そこでわかったことは、安くつくるためにホンダも考えられないつくり方を彼らがしていたことです。そしてホンダは海南新大洲摩托車のノウハウとサプライチェーンを活用して、低価格でホンダ品質の二輪車をつくり、東南アジアで圧倒的なシェアを確保しています。

　現実には価格は購買、品質は品管に分かれ、高くつくった部品を安く買いたたくような状況が起きています。下請けは疲弊し、設備投資や技術開発の余力もありません。こうした関係を改善し、発注先と仕入先が知恵を出し合い、必要のない部分はそぎ落とし、お互いがグローバルで勝てるものづくりのパートナーとなることを願っています。そして多くの中小企業には、そのポテンシャルがあると信じています。

ポイントチェック表

No.	ポイント	ページ
☐ 1	製造原価は材料費、外注費、製造費用の合計	2
☐ 2	製造時間には段取時間も含まれる	4
☐ 3	アワーレート（人）は人の年間費用と年間時間から計算する	6
☐ 4	アワーレート（人）の計算で就業時間に稼働率をかけるのはお金を稼いでいない時間があるから	7
☐ 5	アワーレート（人）の計算では現場全体で平均する	9
☐ 6	アワーレート（設備）の計算で使うランニングコストの内訳にはエネルギー費などがある	10
☐ 7	アワーレート（設備）の計算には、「実際の償却費（設備の購入費用を実際の耐用年数で割った金額）」を使用する	13
☐ 8	間接製造費用は各現場に分配する	19
☐ 9	見積金額（見積書の利益）は目標利益を計算して決める	25
☐ 10	ロットが減少すると見積は高くなる	27
☐ 11	稼働率が下がればアワーレートは上昇する	31
☐ 12	稼働率が下がっても値段は上げられない	32
☐ 13	材料価格の上昇による原価上昇を計算して値上げ交渉する（スクラップ売却価格も考慮する）	37
☐ 14	値上げ（値下げ）交渉の頻度は取引先とあらかじめ決めておくとよい	39
☐ 15	人件費が上がることで、3つの費用（直接作業者と間接部門の人件費と販管費）が上昇する	41
☐ 16	電気代が上昇するとアワーレート（設備）の電気代と間接製造費用が増加する	48
☐ 17	消耗品の中でも材料費、工具費など、金額が無視できないものもある	55
☐ 18	高価な設備はアワーレート（設備）が上昇する	60
☐ 19	付加価値の低い加工は安価な設備を使用する	62
☐ 20	中古を使えばアワーレート（設備）は下がるとは限らない！	63
☐ 21	高い設備でも空いていれば使用する	64
☐ 22	「切粉出してナンボ！」製品を直接製造しない設備や増員は原価を上げ、高コストな工場になる	69
☐ 23	取引先が気にするのは便乗値上げ、そのため値上げ金額の判断材料（明細）が必要	73
☐ 24	会社が違えば適正価格は違う	80
☐ 25	自社に合った製品を受注する	84
☐ 26	見積価格が競合より高い場合は人件費や販管費を見直す	86

No.	ポイント	ページ
27	取引先が最も気にするのは便乗値上げ	88
28	メーカーと下請けでは値上げの考え方が違う	89
29	値上げ金額の明細は各費用の値上げ金額にとどめ、製造時間やアワーレートは出さない	90
30	見積書に記入するのはストップウォッチで計った時間ではダメ！	91
31	作業時間に余裕時間を加えて標準時間とする	93
32	生産計画、見積は標準時間、現場の目標は主体作業時間	95
33	「目標時間でできるはず」と言われた場合にはアワーレートを大きくする	95
34	検査費用（とくに全数検査を追加する場合）を見積に入れて取引先の理解を得る	103
35	社内で行う原価計算にも必ず検査費用を入れる	104
36	見積に梱包費用を入れる場合、製造原価とは別に記載する	106
37	運賃を見積に入れるかどうかは計算してから判断する	107
38	工程追加費用負担の判断基準は仕様と図面。ただし、あいまいな点は事前に確認する	114
39	中小企業の決算書は大企業とは違う！ 決算書の数字が良くても悪くても取引先への経営の健全性のための説明が必要	119
40	値上げ交渉の前に製品ごとの赤字額とその合計を計算し、年間の受注量と利益合計を計算しておく	125
41	値上げ実績をつくるため、受け入れてくれそうなところから行うとよい	127
42	値上げ交渉の妥結点を予想しておく	129
43	時代環境の変化を担当者レベルで意識する	131
44	値上げ交渉の判断は社長の仕事	132
45	実際の値下げ交渉を社員が対応すれば一旦保留できる	132
46	誤解① 取引先はアワーレートに間接費は含まないと考えることがある	133
47	誤解② 取引先は稼動率は100%と考えることがある	135
48	誤解③ 取引先は減価償却が終われば設備はタダと考える	136
49	アワーレートの値は計算する条件によって違う	138
50	適正な販管費は会社によって違う	139
51	値上げが高すぎると言われたら、適正価格は示すが、取引先が受け入れられるであろう金額で交渉する	146
52	長期（15年以上）も価格が変わらない製品は、見積での希望金額を適正価格として、赤字にならないように交渉する	151
53	（値上げ交渉後の）取引先の転注には、それが容易な製品とそうでない製品がある	154
54	転注の可能性を見極めて値上げ交渉する	155

● ポイント一覧表

No.	ポイント	ページ
55	サプライチェーンの上流ほど値上げは難しい	161
56	取引先の購買は交渉で価格が下がると思っている	163
57	取引先の購買側の交渉術に対抗するため、適正価格や最低価格を明確にしておく	165
58	潜在的な自社の評価は納期遅れ、不良発生などへの対処でつくられる	169
59	特別価格で対応した受注は期限などの提示（要請文）を残しておく	170
60	赤字の受注は断っても大丈夫か計算する	171
61	赤字受注を断る前に適正価格を示して、このままでは事業が継続困難なことを伝えて値上げをお願いする	173
62	コストを下げる VE 提案は、文書でコストダウン金額も明記して行う	177
63	合意する金額（希望金額）と（回答を）保留する金額を交渉前に決めておく	181
64	駆け引きだけでは信頼を失う	182
65	恫喝する取引先への対応は社長（あるいは上長）が行う	183

● 著者略歴

照井　清一（てるい　せいいち）㈱アイリンク 代表取締役

1962年愛知県生まれ。豊田高等工業専門学校　機械工学科卒業
産業機械メーカー（（株）フジ）にて24年間、製品開発、品質保証、生産技術に従事。
2011年退社、（株）アイリンクを設立し、決算書を元にアワーレートを計算する独自の手法で、中小・小規模企業に原価計算の仕組みづくりのコンサルティングを行う。
この手法を活用した「数人の会社から使える個別原価計算システム『利益まっくす』」を自社で開発、また原価計算に関する多くの情報をホームページで発信している。詳細は下記を参照願います。
https://ilink-corp.co.jp/

中小製造業の「原価計算と値上げ交渉への疑問」
にすべて答えます！　　　　　　　　　　　　　NDC336.85

2024年 9 月10日　初版 1 刷発行　　　　　（定価はカバーに
2025年 6 月18日　初版 2 刷発行　　　　　　表示してあります）

Ⓒ　著　者　　照井　清一
　　発行者　　井水　治博
　　発行所　　日刊工業新聞社
　　　　　　　〒103-8548　東京都中央区日本橋小網町14-1
　　電　話　　書 籍 編 集 部　03（5644）7490
　　　　　　　販売・管理部　03（5644）7403
　　Ｆ Ａ Ｘ　　03（5644）7400
　　振替口座　　00190-2-186076
　　Ｕ Ｒ Ｌ　　https://pub.nikkan.co.jp/
　　e-mail　　info_shuppan@nikkan.tech
　　印刷・製本　新日本印刷

落丁・乱丁本はお取り替えいたします。
2024 Printed in Japan
ISBN 978-4-526-08349-5　C3034

本書の無断複写は、著作権法上の例外を除き、禁じられています。